JN093225

ぼくら滋賀っ子

あかねいろの宝箱

滋賀県児童図書研究会 編

この本を読むみなさんへ

あかねいろの宝箱

『あかねいろの宝箱』ができました。

「あかねいろって？」

「宝箱って？」

首をかしげたお友だちがいるかもしれませんね。


この本は、宝箱シリーズの6作目です。

シリーズの1作目は、『滋賀の子どものたからばこ』で、２０１３年にできました。

「びわ湖は滋賀県のたからものだけれど、ほかにもたからものがあるのとちがう」

「ある。ある。わたしの町に自慢のたからがあるわ」

「ぼくが知っている学校では、おもしろいことやっていますよ」

「ねえ、みんなでたからもの探ししてみない」

「子どもたちにも探してもらいましょう」


たからもの探しは、10年間もつづいています。

「どんなたからものが見つかったの？」

そう思ったお友だちは、図書室に行ってみてください。

『あかねいろの宝箱』は、大きな本ではありません。あつい本でもありません。目立つ本ではないのです。だから、見つけようと思わないと、見つけられません。たからものは、きらきらしているとは、かぎらないのです。

『あかねいろの宝箱』には、13のたからものが入っています。たからものを探したお友だちが主人公のお話もありますよ。

宝箱シリーズの本を探せたら、表紙を開いてみて下さい。いろいろな色がならんだでしょう。

「にじの色みたい」

そんなことを思った人がいるかもしれませんね。

あかねいろは、昔の人がみつけた赤のなかまの色です。赤のなかまには、さくら色　とき色　さんご色　もも色　からくれない　しゅ色　ひ色　ばら色　つつじ色　えんじ　いちご色　うすねず……などがあります。昔の人の見方や感じ方は、ちょっと不思議でおもしろいと思いませんか。

こんどあなたの〝たからもの〟を教えてください。

宝箱に入れて、たくさんのお友だちに知らせてみませんか？

滋賀県児童図書研究会顧問　今関信子

もくじ

表紙絵　はやし　ますみ

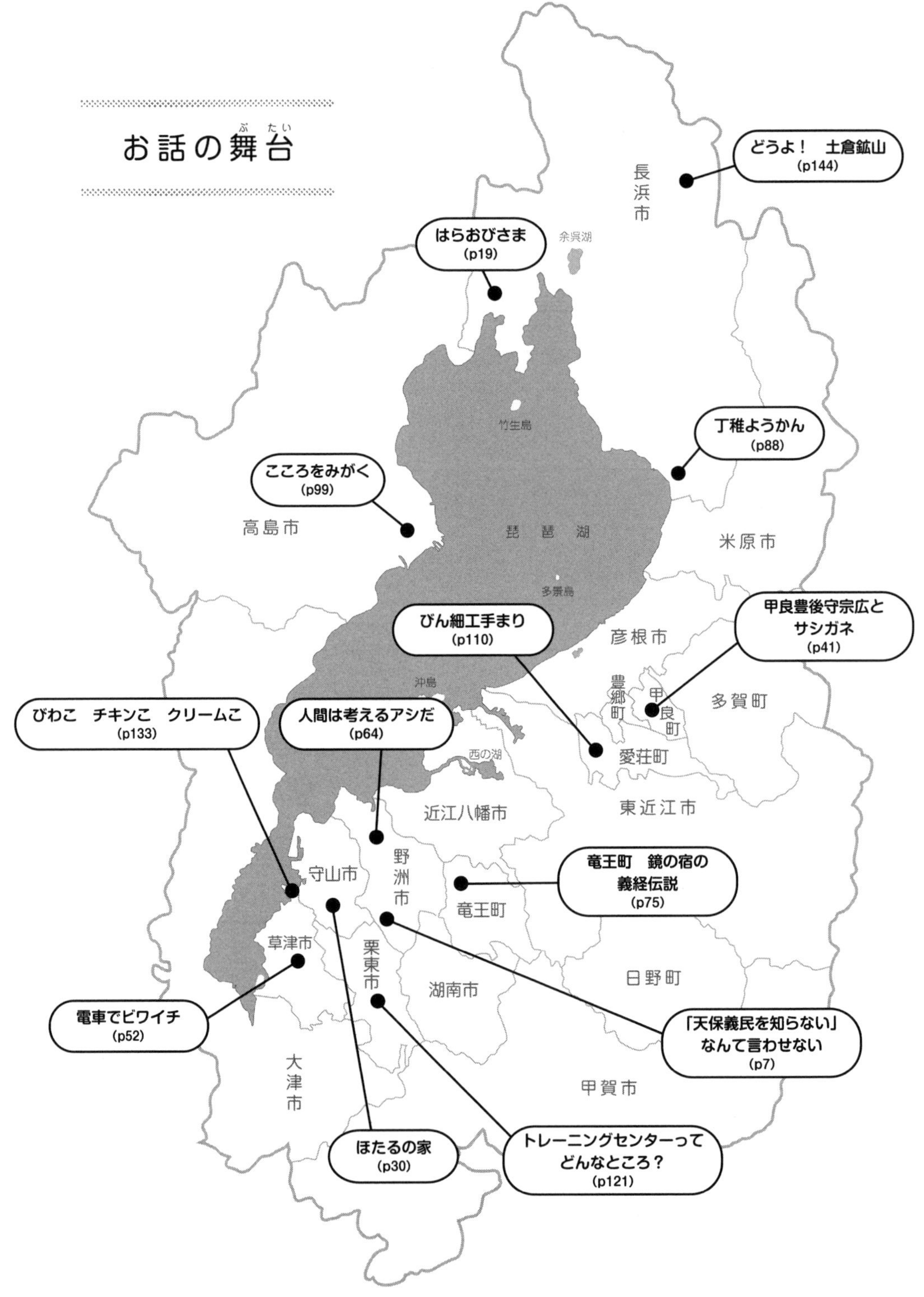

お話の舞台
どうよ！　土倉鉱山
(p144)
長浜市
はらおびさま
(p19)
余呉湖
竹生島
丁稚ようかん
(p88)
こころをみがく
(p99)
高島市
琵琶湖
米原市
多景島
びん細工手まり
(p110)
甲良豊後守宗広と
サシガネ
(p41)
彦根市
沖島
豊郷町
甲良町
多賀町
びわこ　チキンこ　クリームこ
(p133)
人間は考えるアシだ
(p64)
西の湖
愛荘町
近江八幡市
東近江市
竜王町　鏡の宿の
義経伝説
(p75)
守山市
野洲市
竜王町
草津市
栗東市
湖南市
日野町
電車でビワイチ
(p52)
「天保義民を知らない」
なんて言わせない
(p7)
大津市
甲賀市
ほたるの家
(p30)
トレーニングセンターって
どんなところ？
(p121)

「天保義民を知らない」なんて言わせない

文と絵　楠　秋生

「聞いたぞ〜。なんだか大かつやくしたみたいだな」

帰ってくるなり亮おじさんが、わしゃわしゃと奏太の頭をかきまわした。

小学校最後の冬休み、奏太は高島の亮おじさんの家にとまりに来ていた。一晩で50センチ以上つもった雪で思いきり遊んだ後、門から玄関まで雪かきの手伝いをしたのだ。

「お向かいと、うらの2けんのおじいちゃんたちのところも手伝ってあげたみたいだぞ」

夕食の用意をしていた友里おばさんが、ふり向いて目を丸くした。

「そうなの？　さすがはもうすぐ中学生ね。去年までは遊んでばっかりだったのに」

「へへっ。秋のフィールドワークで天保義民の土川平兵衛さんのお墓とかに行ってきたんだ。それで、ぼくも何か人の役に立つことをしたいなって思ってたところなんだ」

「ん？　てんぽー？　何だ？」

首をかしげる亮おじさんを見て、大人はみんな知っているものだと思っていた奏太はおどろいた。

「天保義民だよ。知らない？　野洲まで送ってくれるとき、案内してあげるよ」


3日後の朝、家まで送ってもらった奏太は、午後から亮おじさんと友里おばさんを、三上小学校正門前の広場にある石像の前につれてきた。どんよりと雲におおわれた高島とちがって、野洲では青空が広がっている。

「この人が土川平兵衛さん。義民なんだ。ぼく、1年生のときから毎日見ていたけど、なんにも知らなかったんだ」

「何をしたから義民なの？　みんなのために正義をつらぬいた人っていう意味よね？」

「あのね。冷害や水害が起きて農作物がとれなくなった飢饉のときに、中心になって一揆を起こしたんだ」

「一揆って、農民がクワやスキをふり上げていろいろ要求したりすることよね？」

「うん。まあそんな感じ。江戸時代の終わりごろにね、天保の大飢饉があったんだ」

「ああ、それは聞いたことあるな」

「そのころは、11代将軍の徳川家斉がぜいたくな生活をしたり、外国船のけいびにお金がかかりすぎたりして、幕府のたくわえがなくなってたんだって。農民から米や野菜を取り立てた年貢で幕府は政治をおこなっていたから、それが集まらないとこまるよね。だからもっとたくさん取り立てたくて、土地の見分をしようとしたんだ。もともと検地で、田畑によっておさめる量は決まっていたのに」

「検地と見分って、何がちがうの？」

「どっちも検と見でわかりくいよね。先生に教えてもらったよ。検地は、幕府が検地竿で測って、田畑ごとに持ち主やおさめる量を決めることで、帳簿につけるんだ。見分はじっさいにその場所の調査をして明らかにすることだって。帳簿にのっていない土地を見つけて、そこに新しく田畑を作らせて、年貢をもっとおさめさせることが目的だったんだ。びわ湖の岸沿いとか、川の流れでできた堤防の外側の洲とか」

「そんなところまでか」

「飢饉で農民たちはものすごくこまっていたから、少しでもくらしが楽になるようにないしょで耕してたところもあったのに、見分されたら見つかっちゃうでしょ。ゲストティーチャーの今堀さんが話してくれたんだけど、この時代にはね、口べらしといって、子どもが生まれたらすぐに親の手でころしたりしてたんだって。口の数がへると、他の家族が食べられるからって。このあたりでもお年よりはびわ湖へ身投げしたって。瀬田の唐橋のあたりはあちこちに死体があったって聞いてこわくなったよ。はたらけない赤ちゃんやお年よりをぎせいにしないといけなかったなんて、家族はどんなにつらかっただろう」

奏太は初めて聞いたときと同じように、胸がいたくなった。

フィールドワークと同じルートで学校前の道をまっすぐびわ湖方面へ歩くと、少し左に入った墓地のはしに平兵衛さんのお墓がある。すぐ横のかんばんには、天保13年（１８４２年）に幕府の検地役人市野茂三郎らの不正に立ち向かったことや、一揆はせいこうしたけどとらえられて江戸に送られ、天下の白州で大論述したことなどが書いてある。

「市野は、大きな城を持つ武士とかかわりのある土地は調べなかったんだって」

「もんくが出にくい小さなところだけ見分したのか。それはゆるしがたいな」

「それだけじゃないよ。ぜいたくな料理やお酒を用意したり、こっそりお金をわたしたところも見分がゆるかったんだって」

「ますますゆるせん。とんでもない人だったんだな」

次に、今も『土川平兵衛』の表札がかかっている平兵衛さんの生まれた家に向かう。

「ここで2分の1サイズの平兵衛さんを描いたかけじくを見せてもらったよ。身長は5尺

2寸。今の157センチくらいだったんだって。すごいことをしたのに、ぼくとかわらないくらい小さいなんてびっくりしたよ」

それから平兵衛さんに縁のある照覚寺の前を通って、細い道路を奏太はまよわずさっさと歩いていった。

「フィールドワークで1回行っただけにしてはくわしいな」

「だってこのへんに友だちの家もあるし学区内だもん。こんな身近なところに平兵衛さんみたいなすごい人の、家やお墓があったことにおどろいたよ」

三上山うら登山口へ、細い道を登っていく。木々の間の道はしんと静まり返っている。

「このおくに天保義民碑があって、そこでは毎年10月15日、平兵衛さんを中心に一揆の指導者だった人たちの生き方をしのぶ義民祭が行われているんだ。本当はぼくたち6年生も参加するはずだったんだけど、おとといからコロナで行けないんだ」

坂を上っていくと左側のおくに階段があり、その向こうに義民碑が見えた。

「お、この説明かんばん、絵で順を追って描いてあるからものすごくわかりやすいな」

階段の手前で亮おじさんが立ち止まって、うで組みをしてじっくり説明を読みはじめた。

「後で、もうちょっとくわしく教えてあげるよ。先におまいりしよう」

義民碑の前にならんで立ち、手を合わせて目をとじていのった。

目を開けた奏太は「あそこで休けいしよう」と、たたたっと先に階段を下りて休けい所のベンチにすわると、リュックから読本とタブレットを出した。

「亮おじさんたちに教えることになったから、いろいろ調べたんだ。それを授業で作った資料に追加して、まとめ直してみたんだ」

ベンチのテーブルをはさんで向かいにすわった亮おじさんたちに、いくつかの画面をスクロールして見せる。たくさん書いてあるのを見て、亮おじさんが目を丸くした。

「いっぱい勉強したみたいだな！」

「調べるの、おもしろかったよ。平兵衛さんはね、みんなのためにはたらく庄屋だったんだ。おじさんのいる高島の中江藤樹の、『世のため人のために正しく生きる』っていう教えをすごく勉強したんだよ。だから、先に見分が行われた仁保川沿い、今の日野川の方面から伝わってくるくやしい思いを聞いて、まわりの庄屋たちといっしょに一揆をすることにしたんだ」

「くやしい思いっていうのは、かんばんに不正って書いてあったことか？」

「そう！　場所によってかげんしたのも悪いけど、もっとずるいこともしたんだ。本当は検地されている本田はしちゃダメなのに、そこも見分しようとしたんだ。しかも短い検地竿を使って」

「短いと何か問題があるの？」

横から友里おばさんが口をはさむ。

「大ありだよ！　検地竿が短いと、おさめないといけない年貢が多くなっちゃうんだ。1間の竿の長さは6尺1分って決まりがあったのに、5尺8寸の竿を1間として使ったんだ。つまり6センチも短いんだ。そしたら同じ面積でも広く計算されるでしょ」

「なるほど。それが不正検地か。農民は米をたくさんとられることになるんだな」

奏太は画面をスクロールして、手書きの地図を見せた。

「まず野洲・甲賀・栗太の庄屋たち約１５０人が、一揆のための集まりとばれないように、べつの理由をつけて集まって話し合いをしたんだって」

「こっそり計画を立てたわけだな」

「うん。それで、10月11日に市野たちが三上にやってきたとき、平兵衛さんたちは、一行がこのすぐ下にあった本陣にとまって休んでる間に、ひそかに庄屋たちに手紙を送ったんだ。14日の夜明けには、甲賀の矢川神社のまわりに1万人をこえる人数の農民が集まって、ほら貝とか笛とかたいこを鳴らして三上に向かったんだって」

「1万人か。そりゃあすごいな。……あれ？　だけどそこのかんばんには、数万人って書いてなかったか？」

「最初は1万人だったんだ。でも矢川神社ってここから、20キロくらいあるんだ。地図アプリで調べたら、歩きで4時間くらいってでたよ。そんな遠くから野洲川沿いに進んでいくうちに人数がどんどんふえて、最後は三上に約4万人が集まったんだって。三上小学校の全生徒が１７８人だから、２００倍以上だよ。想像もできないよ。そんな大群がおしよせてきたから市野は、三上藩の役人で平兵衛と親しい平野八右衛門に、一揆勢と話し合うよう命れいしたんだ。だけど話し合いがまとまらなかったから、一揆勢はいら立って本陣になだれこんだんだ。そしたら市野はこわくなってうらの三上山へにげ出したんだよ」

「え？　にげちゃったの？」

「そう！　それで平野が、のこった見分役人たちと話し合って一揆の願いを聞き入れて、障子に大きく『今月今日より十万日の日延べ』って書いて見せたんだって」

「十万日かぁ。約３００年も日を延ばすってことは、つまりもうやらないってことだな」

「江戸時代に起こった検地反対の一揆で、検地を中止にさせたのは、この一揆だけなんだよ。一揆の時に死者が出なかったのもすごいよね。場所に三上をえらんだのが作戦で、それが成功した要因の一つだったみたい」

「どうして三上だと成功になるの？」

「三上藩の陣屋にはいつも10人ほどしか人がいなくって、手薄だったからだよ。一揆が起きた後も、市野がおうえんをたのんでも、近くの藩はかかわってせきにんをとるように言われるのをさけるため、せっきょくてきには動かなかったんだって」

「なるほど、それを見こしての三上だったのか」

「考えたわねぇ」

「終わった後、一揆に参加したと思われる人たちは、幕府につかまっちゃったけどね」

「そうなるだろうなぁ。一揆を起こすってことは、幕府にたてつくってことだからなぁ」

「12月には取り調べ場所が京都から大津の役所にうつされて、2000人以上の人が呼び出されたみたいだよ。読本には、一揆の指導者や参加者をさがすために、そこでひどいごうもんがおこなわれたんだ。皮がはがれ、肉が切れ、ほねがくだけるほどのごうもんって書いてあった。今堀さんは、それよりもっとこわい、聞いただけでぞわぞわして耳をふさぎたくなるようなことも言ってた」

友里おばさんが、つらそうにまゆを八の字にしてつぶやいた。

「うっかりけがしただけでもいたいのに、皮や肉やほねが……って、考えられないわね」

「農民の意見が通ったことや市野たちのずるっこも、幕府はかくしたかったんだろうね。その後指導者のうち11人は、重罪人を乗せる唐丸籠で江戸に送られたんだ。みんなのためにがんばったのに、ひどすぎるよね。とちゅうの石部宿で家族と最後のお別れをした時には、籠の中で元の姿がわからないほどかわりはてて、しばられていたんだって」

「ひどい……」

小さく声をもらした百合おばさんのとなりで亮おじさんは、目をとじてまゆをよせ、ぎゅっと口をむすんだまま聞いている。

「道中で3人亡くなって、江戸に着いた8人で、市野たち見分役人の身勝手な不正やふるまいや、今回の一揆にこめられた願いをうったえたんだ。平兵衛さんは1か月後にろう屋で亡くなってしまったけど、幕府は見分失敗のせきにんをとらせて市野たちを追放し、見分は取りやめになって二度と計画されなかったそうだよ」

「平兵衛さんたちが命をかけてたたかって、村人たちの生活を守りぬいたのね」

「歴史的にも、深い意味があるんだって。他の検地も全部中止になったから、幕府は財政を立て直すのも失敗。農民を命令にしたがわせることができない上に、近くの藩も幕府のために動かなかったから、権威も落ちちゃったって」

「なるほど。経済面、面目ともにつぶれちゃったのか」

「うん。その後、幕府が終わりになる原因の一つになったんだって。最後に今堀さんが言ったんだ。『こまっている人がいたら助けましょう。思ったことを最後までやりぬくことが大事』って」

「なるほどな。この義民のことを勉強したから、うちの家だけじゃなくお向かいとうらのおじいちゃんのところまで雪かきしたんだな」

「うん。ぼくにもできる人助けがあるならやりたいって思ったんだ」

「すぐに実行できるなんてすごいな」

奏太は面と向かってほめられて、なんだかくすぐったくなった。頭をかいて横を向くと、赤や黄色のカラフルな服を着た人たちが坂を下りてくるのが、木立（こだち）のすき間から見えた。にぎやかな話し声も近づいてくる。三上山登山をしてきた人たちだろう。

「……あの人たちは義民のこと知ってるのかな？」

「う～ん、知らない人のほうが多いかもしれないわね」

奏太はなんだか胸がきゅうっとなった。もっとみんなに義民のことを知ってもらいたい。

『人のため　身は罪咎（つみとが）に　近江路（おうみじ）を　別れて急ぐ　死出（しで）の旅立ち』

平兵衛さんが最期（さいご）に詠（よ）んだ歌だ。平兵衛さんたちみたいに自分をぎせいにまではできないだろうけど、自分にできるはんいで人のために動ける人に、みんながなれたらいいな。そう思った奏太は、天保義民のことを伝（つた）えていこうと心に決めた。

奏太は義民碑に目をやり、それから木々の上の空をあおぎ見た。いつのまにか茜色（あかねいろ）に染（そ）まり始めていた。

はらおびさま

文　田中純子
絵　お絵描きの妹

自己紹介から始めよう。ワタシは人間でも動物でも宇宙人でもないぞ。何者か？　と聞かれたら、「仏様」とまずはお答えしよう。

みんなは自分のことならなんと答える？　「地球人」と答えるか。その次は？　「日本人です」と答えるかな？　それから君たちは、住んでいる所と名前を言うはずだ。

ワタシは、長浜市西浅井町大浦の大浦十一面腹帯観音堂にいる。名前は「十一面観音菩薩立像」。

長浜市のある滋賀県湖北地域にはたくさんのワタシの仲間がいる。このあたりは、京都からも近く、人と文化の交流地点だった。信仰心をもった人もたくさんいた。

ワタシはお腹に赤と白の帯を巻いている。人々からは「腹帯観音」って呼ばれている。どうしてそんな名前がついたのか？　それはあとで話すことにする。

みんなに呼んでもらうニックネームは「はらおびさま」がいい。そう呼んでくれるかな。

大陸から仏教が日本に伝わったのが6世紀だ。西暦751年には、奈良の大仏が作られた。国が平和であることと、人々の幸せを願ってだ。同じころ、日本のあちこちに、お寺が建てられ、教えを広めるために仏像も作られはじめた。

ワタシが生まれたのは、その頃、平安時代初めのころだ。比叡山延暦寺の開祖として名高い伝教大師最澄さんの手で、カヤの木からりっぱに作られたのだ。お寺の尊い仏像としてまつられた。どうだ！　すごいだろう。

たくさんの偉い人や村人が次から次へと、いろんな願いをもっておまいりに来てくれた。

ワタシには、拝んでくれる人の願い事をかなえるという、大事な仕事がある。

みんなの願いをちゃんと受け止めている。本当のことだ。聞いた願いを、なんとかかなえられないかと、いつも考えている。ワタシには不思議な力がそなわっている。

戦国時代。このあたりでは侍たちの合戦が続いていた。ある日たくさんの兵が村々を焼き払うらしいとのうわさが流れた。ワタシは何人かの村人の手で、大急ぎでお寺から運び出された。迫る火の海の熱さにワタシは気を失ってしまった。

気がつくとワタシは池の中に沈められていた。あたりの家々も、お寺も焼けてしまった。

ただ、池の中で時がすぎるのを待つだけだった。

その時は、すぐに助けてもらえると思っていたが……。


あれから何年すぎただろう。村人たちはワタシのことをもう忘れてしまったのだろうか？　池の中に沈めて助けてくれた人たちは、もうみんな亡くなっているようなのだ。

どうしたらまた村人に会えるのだろう……。このまま池の中で朽ち果てていくのか？

いっしょうけんめいに考えた。

そうだ！　だれかの夢に出て池の中にいることを知らせよう。あれこれ考えたすえ、神社の宮司の夢枕に立たせてもらった。

――ワタシは池の中にいる。助けてくれ！

次の日、村人たちを神社に集め、宮司が言ってくれた。

「今日みなさんに集まってもらったのにはわけがある。きのう、私の夢枕に観音様が立たれたんや」

「なんかおっしゃったんか？」

「『池の中にいる。助けてくれ』って」

すぐにみんなが池の水をぬきだした。ワタシは泥の中でそのさわぎを聞いていた。もうすぐ助けてもらえる。

ついにワタシは池の中からすくいだしてもらうことができた。それは江戸時代のことだった。火の海から助けられて、約90年がすぎていた。神社に集まってくれていた人たちは、戦火の中助けてくれた人たちの、孫かひ孫たちだったようだ。

長い間、池の泥の中にいたので、体はあちこちが傷だらけになってしまっていた。村人たちは、体中を、布で大切にやさしくふいてくれた。その布は『帯祝い』のために、神社にとどけられていたさらしという布だった。

『帯祝い』とは、お腹に赤ちゃんがいるお母さんが元気ですごせるように、無事に産むことができるように、と神様に願う昔からのしきたりだ。その時に、さらしをお供えする。それをお母さんのお腹に巻いておくのだ。「腹帯を巻く」ということだ。

その時代、お腹の中で赤ちゃんが無事に育つこと、元気いっぱい生まれてくることは、命がけのことだった。お母さん、赤ちゃんが死んでしまうこともよくあった。

——大切なさらしをワタシのために使ってくれてありがとう。

ワタシはまるで赤ちゃんのように生まれかわった気持ちだった。

ワタシの体をふいたその何本かのさらしは、きれいに洗(あら)われた後、全てお母さんに渡(わた)された。それを巻いて数か月をすごしたお母さんたちは、まるまると元気な赤ちゃんを無事に産んでくれた。

そのうわさは、あちこちの村にすぐに伝わった。

それからだ。ワタシが「腹帯観音」と呼ばれるようになったのは。ずいぶん遠くの村からも、お腹の大きなお母さんたちが、家族たちとさらしを持っておまいりにきてくれるようになった。

「観音様に使ってもらったさらしをお腹に巻いておけば、心配はない。元気な赤ちゃんを産みたいという願いを聞きとどけてくださる」

一まい一まい、ワタシの体に巻いたさらしに念(ねん)を込(こ)めてから、お母さんたちにさずけている。

ここ「にしあざいちょう」の「にしあざい」の五文字の間に、「運(うん)がいい」を短くして一文字「ん」の字を入れてみてくれ。「にんしんあんざん」だ。わかるかな? とびきりだろう。

ずいぶん時代が流れた平成15年(2003年)のことだ。一大事が起きた。ある日のこと、夜中にまどガラスのわれる音がした。とつぜんあやしそうな男が二人、そこから入ってきた。あっという間にワタシは男たちに抱えられた。男たちはだまったまま扉のかぎを開け、参道を走った。ワタシは車の荷台にねかされた。すぐに車は動き出した。さらわれてしまったのだ。

――どこへつれていかれるのだろう? なぜだ? どうしてこんなことに?

ワタシを頼って拝みに来てくれる人たちから、引きはなされてしまった。どこだかわからない場所でワタシは下ろされた。

――ここはどこだろう? 暗くてせまい……。

それから一年半の間は、池の中に沈められていた頃と同じように、時がすぎるのをただ待つだけだった。不安だった。かなしくてしかたがなかった。

観音様をさがしだしてくれた人には、けんしょう金をさし上げます

大きな文字でそう書かれたチラシが配られた。お堂を守ってくれている「神行会」の人たちが話し合って、見つけ出すために力をつくしてくれた。新聞やテレビでもニュース

になった。

風のたよりに、人々のひっしな思いを知ったワタシは、さらった男たちの夢枕に立つことにした。宮司の夢に出てから2度目だ。

――西浅井町大浦に帰りたい。お前たちはお金がほしいのだろう。けんしょう金をもらえばよい。犯人とわからないように、どこかで見つけたと言えばよいだろう。

その後、山の中に捨ててあったワタシを見つけたと、男が名乗り出た。ぬすんだ男たちではなかったようだ。仲間だった。

けんしょう金作戦はうまくいったのだ。大せいこうだった。

ワタシは無事にお堂に帰ることができた。「神行会」の人たちとたくさんの人の熱意のおかげだ。心をこめて何度も何度もお礼を言った。


今は令和だ。新型コロナウイルスが地球上に広がった。ここにおまいりに来る人たちも、少なくなった。けれど『帯祝い』のしきたりはずっと続いている。

今日はとなり町の、リエちゃんが来てくれた。パパママそれにおじいちゃんおばあちゃんの一家5人そろってだ。

「桜の花が満開やな。リエちゃんのパパが生まれる時にも、ここの観音様でいただいた腹

帯を巻いてたんやで」

おばあちゃんが得意そうに言っている。

——そうそう。あの時お腹にいた男の子がこのおじさんだな。もう40年すぎたのだな。おじいちゃんがお腹にいたときも、知っているぞ。70年以上前のことだ。

「リエちゃんがお腹にいたときも、ここで祈って帯をつけていたのよ。今日はお礼も言おうね」

ママもおばあちゃんと同じように言っている。それは7年前のこと。

「今度生まれてくるのは、弟かな？　妹かな？　どっち？」

リエちゃんがママのお腹に向かって話しかけている。

「まだわからないよ。観音様は知っているのかもね」

ここへ来る人は「戌の日」を選んでやってくる。その日は12日ごとに1回ある。今日がその日で、リエちゃんたちが来ているのだ。

犬は1回のお産でたくさん子犬を産む、安産なのだ。犬にあやかるってことだ。「戌の日」は縁起がいいってことだ。

お母さんが赤ちゃんを産むことは、本当にたいへんなことだ。みんな赤ちゃんに早く会いたくてがんばる。新しい命は、次の命に続いていく。お父さんとお母さんがいて、赤ちゃんが生まれる。その二人には、それぞれおじいちゃんとおばあちゃんがいる。リエちゃんがいることは、たくさんの人の命がつながってきたということなのだ。

ワタシはカヤの木から生まれたあの時から、拝みにやってきてくれたみんなを見てきた。そして願いをかなえてきた。元気な赤ちゃんが何人生まれただろう。

戦国時代には池に沈められた。平成にはさらわれてとても不安だったが、ここ西浅井町大浦にもどることができた。人々に守られていたのだとしみじみ思っている。2度の困難から生き返ったのだ。

リエちゃんはワタシのまわりにある金ピカのきれいな置物が、気になってしかたないようだ。近くによってきた。なかなかここまではだれも上がってこないぞ。

「リエちゃん、そんなところに上がっちゃだめだよ。こっちに来て」

ママが小さな声でリエちゃんを呼んだ。

――いいんだ、いいんだ。リエちゃん、大きく元気に育ったな。

「リエちゃん見て。ほら、このチラシに『はらおびさま』って呼んでくださいって書いてあるよ。親しみやすくていいよね」

ママに言われて、リエちゃんは段を下りた。ワタシを見つめてかわいい手を合わせた。

「やさしいお顔のはらおびさま、わたしが生まれる時にはありがとうございました。それから、かわいい妹が元気に生まれてきますようにお願いします。妹です。もう1回言います妹ちゃんです」

――リエちゃん、その願いはしっかり受け止めた。

このあいだ、「神行会」の人の夢枕に立った。3度目だ。

――ワタシのことを『はらおびさま』って呼んでくれって、またチラシを作ってくれないか？

さっそくチラシができあがった。

またいつか、だれかの夢枕に立たせてもらう。あなたの夢の中で、何かを告(つ)げるかもしれない。ワタシは、毎日しっかりとみんなを見守っていくと約束(やくそく)する。

2度のたいへんな出来事を乗りこえてワタシの今がある。願いが通じたのだ。君たちも強く願えば必(かなら)ずかなう。

さいごにワタシからみんなにお願いがある。

――滋賀県内にたくさんいる仲間の観音様にぜひ会いに来てほしい。ワタシたちはみんなのことが聞きたいのだ。

ほたるの家（うち）

文と絵　林田博恵（はやしだひろえ）

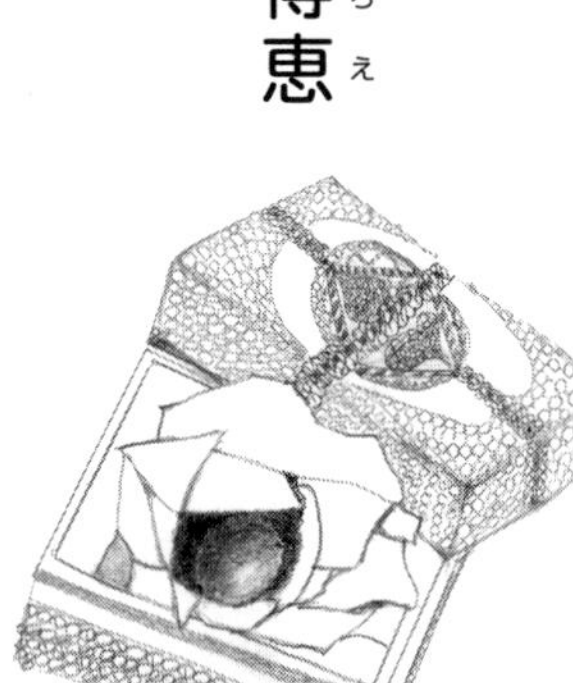

「まだ5時や」

いつもならねている時間に目がさめたさとしは、何度もねがえりを打った。

今日は、おばあちゃんが引っこししてくる大事な日。

計画では、うーんとはたらいて小学校の4年生らしいところを見せようと考えていたのに、ねぶそくの体ではぎゃくに心配されそうでじしんがなくなった。

おばあちゃんは、長いこと一人で兵庫県（ひょうごけん）の町でくらしていたが、去年の夏、階段（かいだん）をふみはずしてこっせつをしてしまった。今では、つえがないと歩くこともままならなくなった。

お母さんは心配して、守山（もりやま）の駅近くのマンションにいるぼくたちと、いっしょにくらすこいる。

とをすすめた。ぼくもたくさん手伝っておばあちゃんの力になりたいと、ひそかに思って

おばあちゃんは、お客さんの部屋を使うことになった。

朝早く、お父さんがおばあちゃんを車でむかえに行った。引っこしの荷物は昼すぎについて、運送屋さんがテキパキと運ぶと、一人ぐらしのおばあちゃんの引っこしは、あっけなく終わった。そして、「おそくなってごめんね」と、おばあちゃんは夕方やってきた。

「あー。これで気持ちよくお正月がむかえられるわね」

お母さんがエプロンで手をふきながら言った。その日の夕食は、何だかものすごく楽しくて、みんなは笑ってばかりいた。

お正月が終わると、お母さんはおばあちゃんのけんこうのために散歩をすすめた。

「ゆっくりでいいからさ。このあたりを歩いてみたら。おばあちゃんのすきな歴史がわかるかも」

「そうね」と、おばあちゃんは散歩をすることにした。

おばあちゃんは、足をかばいながらつえをついてゆっくりと歩いた。

散歩した日の夕食は、きまっておばあちゃんの話でもりあがった。

この間は、知らずにズンズン歩いたらとなり町だったそうだ。同じクラスの田中くんち

の駐車場に昔わき水の池があったことや、大野くんのとなりのお寺のうら庭には今も水がわき出ていることもわかって、さとしはびっくりした。

おばあちゃんは、ぼくらの知らないことをどんどんキャッチしていった。

ある日、新聞に入っていた市のこうほうしの後ろページを見ていたおばあちゃんが、声を出して読み始めた。

「『郷土守山に学ぶ研修講座・ふるさと再発見　ほたるのすむまち守山』。ねー、どう思う。これ」

「えーっ、いいじゃない。おばあちゃん、行ってみれば」

「そうよね。行ってみようかしら。2週間後ね」

おばあちゃんは、手帳に記入すると、決められた日に申しこみの電話をした。

講座当日の5月第2土曜日の空は、すっきりと晴れて気持ちのよい日だった。

おばあちゃんは、リュックをせおうと心なしか早歩きでマンションのエレベーターへ向かった。


「ただいまー」

おばあちゃんはとびっきり明るい声でほたる資料館の勉強会から帰ってきた。

さとしは、おばあちゃんがどんな顔をしているか早く見たかった。

おばあちゃんはリュックをかたづけていたのか、少し時間がたってから足を引きずりながらリビングのドアをゆっくりと開けた。

「だいじょうぶだった？　つかれたでしょう」

お母さんが一番に声をかけた。すると、おばあちゃんは、今までに見たこともないような笑顔でいった。

「それがさー。ふふふ……ちょっと見て。これ」

おばあちゃんが、昔外国旅行で買ったという小さなかざり箱をそっと出した。

「なに、何が入っているの？」

「ふふふ。これ、今日のお勉強のおみやげにもらっちゃった」

おばあちゃんは、さっきからずーっと笑っている。今日の講座がどんなに楽しいものだったのか、さとしにはビンビン伝わってきた。

おばあちゃんがそっとふたを開けた。

小箱の中には、ティッシュでふんわりとつつんだ茶色の小さな土のかたまりがあった。

「何？　この土」

と、さとしが大きな声を出した。

「ふふふ。これはね。ホタルのお・う・ち」

「えっ。ホタルのお家？　これが。信じられへん」

さとしは、顔を近づけて見入った。

目の前のお家は、大人の親指の先ぐらいの大きさの細長い筒のような形をしていた。表面には砂をくだいたような茶色のザラザラしたつぶがびっしりとついているのに、切れ目から見える内側はすべすべとなめらかな感じのこげ茶色をしていた。

お家というからにはこの細長い筒の中にホタルが住んでいたのだろうか。どんなかっこうでいたのだろう。想像してみたがぜんぜん思いうかばなかった。

さとしは、ホタルといえば夏の夜に飛びながら光を出す虫で、自分たち人間が見て楽しむ生き物だと思っていた。

でも、おばあちゃんは、ホタルのお家を持って帰るくらいホタルに心をうばわれてしまっている。

こんなおばあちゃんの変化は予想外だった。おばあちゃんは、熱心に話を続けた。

「おどろかないでよ。水辺のこけの上に産みつけたたまごは、水の中に落ちてかえるのよ。そして何度もだっぴするの。それから春の雨がふり続く夜に土手に登って、やわらかさもちょうどいい土の中にもぐって50日間くらすんだって。土にもぐる時もね、小さな光を出しながら住む場所をさがすそうよ」

「へー。このお家は、ホタルの努力のあかしっていうわけだ」

　おばあちゃんは、さとしの顔を見て大きくうなずいた。

「そうよ。すごくない。ここにもぐってサナギになるの。この後、羽化して一人前のホタルになるのよ。このお家がりっぱに生きていたしょうこよね」

「人間はさ、１００歳まで生きる時代になったけれど、ホタルの一生は短いね」

「その短いホタルの命をさらにちぢめる出来事が守山にもあったんだって。おばあちゃんたちが結婚したころ。日本中がそうだったように守山にも近代化の波がおしよせてきて、手軽にきれいになる合成洗剤、田んぼには農薬や化学肥料が使われるようになったの。そのために川がよごれてホタルはぜんめつしたの。とうぜん、びわ湖の水もよごれて魚が死んだんだって」

「えー、よごれやバイキンを落としてきれいにする洗剤で、ホタルや魚を苦しめてかわいそうだよ」

「私たち人間は、様々な生き物の命と引きかえに楽を手に入れたのよね」

「人間だけは特別っていう考えはおかしいよ」

「あー。さとし。なんていい子なの」と、だきついてきたお母さんをさとしは、体をゆさぶってふりほどいた。

おばあちゃんの話によれば、昔から守山はゲンジボタルが飛びかう町として有名で、おおぜいの観光客がホタル列車でおしよせたとか。皇室にプレゼントをしたこともあったらしい。守山のホタルのふっかつのために熱心に研究をした南喜市郎さんも、忘れてはならない人だそうだ。

おばあちゃんは、ホタルのことをまるで強力エンジンポンプのようにどんどんと吸収してきた。

「いろいろな人がかかわって、ホタルの町なのね」

「そうよ。ほたるの森資料館では、しいくもしているし、市内の町にはボランティアの人が水位や水量、草の生え方など川の様子を調べているって」

「そうや。ぼくたちの小学校にもそのボランティアの人がきていたよ」

「学校で勉強するのね。そうすることでふるさとが大好きになるわ」

話がはずみ、お母さんが用意してくれたジュースをごくごくと飲んだ。

「ボランティアの人は、がいとうや自動車のライトの明るさまで注意しているんだって」

「なんで？」

「だって、明るいとホタルはゆっくり休めないでしょ。ホタルは暗い夜に『わたしはここにいるよー』って光る生き物でしょう」

「そうだね。すごいや。おばあちゃんはホタル博士やね」

「いえいえ、教えてもらったことをみーんな話しているのよ。だって、忘れちゃうともったいないでしょ」と言うと、おばあちゃんは残りのジュースをおいしそうに飲んだ。

一週間がすぎたころ、お母さんが「ほら、これ見て」とチラシを見せた。

それは、守山市内のいろいろな町の散歩コースや、ほたるの森資料館のまわりをまうように飛び交うホタルをかんしょうするイベントだった。

「いいじゃん。行こう、行こうよ」

全員一致で『ほたるパーク&ウオーク』にでかけることにした。

さとしたちは、ほたるの森資料館がある市民運動公園に向かった。

車が駐車場へ着いた時には、あたり一面すっかり夜のやみだった。はるか向こうに、小さいライトでてらされたテントが見えた。お父さんが係の人の説明を聞いているとき、さとしは、空を見上げた。おそろしく大きな暗やみにすいこまれ、宇宙の真ん中にでもいるようなさっかくにとらわれてこわくなった。

「さとし。行くぞ」

さとしは、お父さんの声でわれに返った。みんなは、おばあちゃんをかこむようにして歩いた。

「おばあちゃん。だいじょうぶ？」

「はい。この通り」

おばあちゃんは、くつに目がついたようにしっかりした足どりで進んだ。どこからかとぎれとぎれの声が耳にはいってきた。

「おばあちゃん。ここがほたるの森資料館らしいよ」

「えーっ。昼とぜんぜんちがうわ。じゃ、ひみつの場所はこっちよ」

と、おばあちゃんは、小川に沿（そ）った細い道を指さした。

さとしは、暗やみをにらみつけて一歩ふみだした。

「何だろう。あそこのやみは。ぜったいにやばいぞ」

あのやみの中で何かが起こりそうな気がしてならなかった。

手をのばせばとどきそうなところがいっしゅん黄色く光った。とたんに、あっちからもこっちからも光がわいて出た。

「うそやろう。ぼくら、ホタルの真ん中にいるみたいや」

さとしは、何も言えずおどるホタルを見続けた。

「たくさんのホタルが私たちを待っていたみたいね」

「おばあちゃん。あの子たち、あのお家から出てきたホタルやね」

「そうね。やっと会えたね」

しばらくの間、みんなはだまったままだった。おばあちゃんがさとしのかたを何度もなでながら小さくつぶやいた。

「ホタルさん。私も、今のお家気に入っているわ。来年はあなたがたの子どもたちに会えるわね。楽しみだわ」

さとしは、となりにいるおばあちゃんの服のすそをぎゅっとにぎった。

ホタルたちは、高く低くすべるように光のおびを流している。

甲良豊後守宗広とサシガネ

文と絵　竹谷利子

トモミは、うきうき気分でした。あたたかな春の日ざしの中で、大工仕事でいそがしいお父さんと久しぶりに散歩ができるからです。

（ちょっとおしゃれなスイーツのお店へ行くとか……）

と期待しながら、大きな銅像が見える交差点にさしかかりました。そこは犬上郡甲良町の町役場の横の交差点でした。そこでお父さんは銅像を指さしました。

「あの銅像のお侍さんは、大棟梁と呼ばれていた甲良豊後守宗広というえらい大工さんや。学校で習ったか？」

「ううん。大統領？　アメリカの？」

「なんでやねん。棟梁って、今なら現場かんとくかな。けど、宗広さんのすごいところは、自分でデザインも設計も、建築もしたんや。ほかにも彫刻もしたし、絵も描いた。江戸時代の初め、小さかった日光東照宮を世界遺産に登録されるような建物にしたんや。それも、わずか17か月で建てかえた棟梁、大棟梁、スーパー棟梁や」

「えっ、この前、テレビでやってた、きらきらしたでっかい建物を建てた大工さん？　しかも、電気も重機もない時代にたった17か月で建てたん？　信じられへん、すっごー」

「そうや、すごいやろ。大したもんやろ」

　お父さんは、まるで自分が建てたかのような感じで自慢気に答えました。トモミは、もう一度、銅像を見上げました。

「ねえ、お父さん、あの手に持ってるL字型の物は？　お父さんも持ってるよね」

「あれはサシガネと呼ばれる定規だ。大工にとっては大切な大切な道具。材木などの長さを測ったり、直角の線や屋根とかのカーブの線を引く時にも使うし、計算尺にもなるんや。お父さんが大工の見習いになって、最初に学んだのは、サシガネの使い方やった」

「ただ線を引いたり、長さを測るだけの定規やないんやね。銅像の宗広さんはサシガネを大切そうに持ってるんや。でも、どんなふうに使えば、日光東照宮みたいな建物ができるんやろう。直角の形をしただけの定規にしか見えないのにね。興味しんしん。そうだお父さん、簡単な使い方を教えて」

トモミはサシガネのことで頭がいっぱいになって、スイーツを食べたかったことをすっかり忘れていました。

家に帰ってお父さんは、さっそく2本のサシガネを用意しました。1本は、お父さんが持っているいこんだ感じのするもの、もう1本は、少し小さく新しいものです。

「L字型の長い方を長手、短い方を妻手と呼ぶんや」

と説明した後、板切れを一まい持ってきました。

「たとえば、長手を板切れのはしにひっかけ、妻手を使って線を引くと、板と線の角が直角に。長手と妻手で同じ長さの線を引き、三角形を描くと直角二等辺三角形ができる」

「お父さん、トモミも小さいサシガネで直角二等辺三角形を描いてみるわ」

そばに置いてあったチラシのうらに描いてみました。

「そう、描けたじゃないか、じゃあ次。30度と60度の線を引きたいときは、線を1本引いて、その線にサシガネの角を合わせ、引いた線の2倍の長さの線をもう1本引いて三角形を描く。すると、直角と30度、60度の三角形ができる。どうや？　分度器なしでも正確にできるやろ？　簡単やろ？」

トモミはサシガネをあっちに向けたり、こっちに向けたりしながら、やっとのことで三角形を描くことができました。

（簡単じゃないね。でも、ちゃっちゃと線を引いて、分かりやすく説明してくれるお父さんてすごいな）

　トモミは、たのもしく思いました。お父さんは、さらに説明を続けました。

「それにな、サシガネをしならせるとカーブを描くことができるし、あなやみぞの深さも正確に測ることができるんや。うら返すと、長手に角目て呼ばれる目もりがついていて、円の直径や、円周を調べる時にも使えるんや。５年生のトモミは、もうじき円周を習うかな。とにかく、サシガネを上手に使うことができたら、一人前の大工や」

「あぁ、もういや、頭がごちゃごちゃ。わたし、やっぱり算数苦手」

「サシガネをちゃんと使えるようになったら、苦手な算数もへっちゃらになるぞ」

「そうかなぁ、わたしでもだんだんに、使えるようになれるかなぁ。でも、宗広さんてすごいよね。あのサシガネ一本で、りっぱな建物を建てたんやから」

　トモミは、ため息をついていました。

「サシガネは道具、ツールや。使いこなさないと何もならないし、使いこなす人にもよるしな。そうや、今度の休みに『甲良豊後守宗広記念館』に行ってみよう。サシガネを使いこなし、大棟梁になった宗広さんのことを調べにな」

　お父さんの提案にトモミは大賛成でした。

記念館に行く前にトモミは日光東照宮のことを調べることにしました。

日光東照宮は栃木県日光市にある神社でユネスコ世界遺産として登録されています。江戸幕府を開いた徳川家康を東照大権現という神としてまつった神社です。徳川三代将軍家光の命令で大がかりな造り替えをしました。その時にかかわった大工は、約４５４万人ともいわれ、その大ぜいの人たちをまとめあげたのが宗広でした。

記念館は、１５０年ほど前に建てられた民家を利用した建物でした。中へ入ると、まず、たくさんの古い大工道具がトモミをむかえてくれました。その中で、トモミが目をひかれたのは、展示ケースの中に入っているサシガネでした。

「そのサシガネが気になっているんだね」

ボランティアガイドの松原さんの声がしました。

「それはレプリカ、本物は日光東照宮宝物殿にあって、国宝になっているんだよ」

「えっ、すごい。国のお宝のサシガネ？」

目を丸くしたトモミに松原さんは、説明を続けました。

「そう、東照宮本殿の上棟式に使われた大工道具の一つなんだ。上棟式とは、建物の骨組みができた時に神様に感謝し、お祝いをする大切な儀式で、それが終わった後に、宗広さんが東照宮におさめたものだよ。ところで、トモミちゃん、宗広さんに会いたくはない？おじさんの後をついておいで。さぁ、お父さんもどうぞ」

にこにこ顔で松原さんは、二人を記念館のおくにある像の前に案内してくれました。

「この木像が甲良豊後守宗広さん。これもレプリカだけどね。本物は唯念寺という寺が、お宝として大切にしているよ。宗広さん自身でほったものだね」

それは、やさしい顔をしたお坊さんの像でした。高さは40センチほどで、体に比べて頭と耳が大きな感じがしました。

「あれ、お坊さん？　町役場のそばの宗広さんの銅像は、りっぱなお侍さんスタイルだったけど」

「宗広さんはね、今から450年ほど前、現在の犬上郡甲良町法養寺村に、神社やお寺を建てる有名な宮大工の子として生まれたんだよ。若い時に、京都の吉田神社を建て、その仕事を認められ、豊後守の呼び名をいただいたんだ。次の年、江戸で仕事をするようにという幕府の命令に従い、一族そろって、甲良の地をはなれることに。そして日光東照宮の建てかえの大棟梁となったんだね。その後、仕事を子どもにゆずり、たった一人で故郷の法養寺村にもどって来たのはいいけれど、村や家は大水害で影も形もなくなってしまってて。それで仕方なく、以前お世話になっていたとなり村の唯念寺に住むことにし、道賢という名前のお坊さんになったんだよ」

「ああ、だからお坊さんスタイルなんや」

「そう、お坊さんになって唯念寺を新しく建て直した後、東近江の百済寺の建て直しにも力を注ぎ、72歳で亡くなった。唯念寺は、残念ながら江戸時代の終わりごろに火事で焼けてしまい、今は新しいお寺さんになっていますがね。百済寺はそのころのまま、りっぱに残っているよ。さて、宗広さんのこと少し分かったかな?」

「松原さんありがとうございました。少しややっこしかったです。でも、法養寺村にもどった時は、家も、知り合いもいなくて、宗広さんはパニックにならなかったのかな?わたしだったら、さみしくてさみしくて、みんながいる江戸へすぐにもどっちゃう。江戸では、『元大棟梁』とかって呼ばれ、家族にかこまれて楽しく、にぎやかにくらせるのにちがいないのにね。何で、また甲良にもどってきて、ずっと一人でいたんや?」

松原さんの説明を後ろでずっと聞いていたお父さんが近よって来て言いました。

「宗広さんは、故郷、この甲良を大切に思っていたからやないかな。小さいころから、この近くの西明寺、金剛輪寺などの古くてすばらしい建物に親しみ勉強し、その上、村の人たちや、自然のやさしさにつつまれたからこそ、りっぱな大工になれたと考えていたんやないかな。だから、そのお礼というか、お返しに、故郷にもどって、歴史の古い、大切な百済寺などのお寺の建て直しにかかわったのではないかなぁ」

「そうかもしれませんね。きっと、宗広さんは義理がたい人だったのでしょう」

　松原さんはお父さんの話に大きくうなずきながら言いました。

「義理がたいって、どういう意味？」

「トモミ、それはね、人の考えや気持ち、その人との出会いや関係などを大切にし、決しておろそかにしないことや」

「そういう人だからこそ、大棟梁になって、たくさんの人をまとめあげ、すばらしい建物を造ることができたんでしょうね。宗広さんは、スーパー棟梁ですね」

　松原さんの言葉を聞きながら、トモミの頭の中にはサシガネをにぎって、多くの大工たちに次々と指図をしている宗広さんの姿がうかび上がってきました。

（宗広さんて、めっちゃかっこいい）

　トモミとお父さんは記念館を出た後、唯念寺によりました。唯念寺は、旧豊郷小学校の近くにあり、土と瓦を交互に積み重ねて作った土塀があるりっぱなお寺でした。

「ねえ、お父さん。今度の休みが取れたら、百済寺に行こうよ」

　今度は、トモミの提案でした。

トモミとお父さんが百済寺に行ったのは初夏でした。

「百済寺は聖徳太子が建てた古いお寺さんや。太子は、サシガネを日本に最初にしょうかいした人といわれ、『大工の神様』ともいわれているぞ。昔はな、このあたりは文化の中心地で、美しくにぎやかな所やった。ところが、戦国時代に織田信長がお寺に火をつけて、焼け野原になってしもうたんや。江戸時代になって、甲良にもどってきた宗広さんが、たくさんのお金を寄付し、ボランティアでお寺の建て直しに力を入れたんや。けどな、残念なことに、お寺の建て直しができる前に亡くなってしもうた。でもその時、宗広さんの技術や思いは、若い大工さんたちにしっかりとバトンタッチされていた」

お父さんの説明を聞きながらコケのはえた石段を登って行くと、大きなワラジがさがった門が見えてきました。

「仁王門や。この大ワラジをさわると、足腰がじょうぶになり元気になるそうや」

「お父さん、わたし、もうさわったで。もともと元気やけど、これ以上元気になったらどうなる？　元気の2倍や。あれっ、算数の勉強になってしもうた」

お父さんは、笑いました。トモミは、なおもおしゃべりを続けました。

「日光東照宮にも仁王門とか、有名な陽明門なんかがあって、写真ではきらきらしてきれい。ここの仁王門は古めかしくて、どうどうとして落ち着いた感じで全然ちがう、心に

ずっしんときたよ。あのサシガネで、ぴかぴかの東照宮と、どっしりした百済寺を、同じ宗広さんが建てたって、そのギャップがすごいよねぇ。こーら、おどろいた。そうだお父さん、コロナがおさまったら日光につれてってえな、お願いやで」

トモミのまたまたのおねだりにお父さんは、にが笑いをしました。

本堂の中へ入ると、中はひんやりとして、空気が張りつめている感じがしました。トモミは、安置されている聖徳太子像に思わず手を合わせました。

帰り道、トモミはもう一度、仁王門を見上げました。

(ずっと未来まで残り続ける建物を建て、世界中の人たちに認められる大工さんの仕事ってすばらしいなぁ、すごいなぁ。わたし、大工さんになろうかな。算数の勉強をがんばって、棟梁になろうかな)

トモミは、前を歩いているお父さんの大きな背中を見つめながら思いました。

電車でビワイチ

文　近藤きく江
絵　美濃部幸代

「びわ湖だ！　びわ湖だよ、母さん」

車で追分の家を出てから20分、浜大津まで来るとびわ湖が目に飛びこんでくる。

すると、ハンドルをにぎっていた母さんが、得意げに話し出した。

「母さんね、学生のころ、自転車でびわ湖一周したことあるのよ」

「えっ、自転車で！」

「1泊2日でね。今はビワイチっていうの。びわ湖は滋賀県の面積の約6分の1あるから、それくらいかかるのよ」

「えーと、たしか道路沿いに進めば約200キロって言ってたよね」

ぼくは、前に母さんに聞いたことをかくにんした。

春休みの最初の日曜日。ぼくと母さんは草津に住むおじいちゃんの家に向かっていた。

おじいちゃんの家に着いて、ぼくたちが車をおりると、おじいちゃんとおばあちゃんが、とびきりの笑顔でむかえてくれた。

みんなでお昼ご飯を食べているとき、おじいちゃんが言った。

「真一、ビワイチって知っているか」

「えー、自転車でびわ湖一周するんでしょ。むりよ、真一まだ3年生だもん」

母さんがあわてててとめた。

「ちがうぞ」

おじいちゃんが続けて話そうとすると、

「自転車じゃなくて、電車でするのよ。真ちゃん、電車大好きでしょ」

おばあちゃんが、説明してしまった。

「ぼく電車大すき！　行く行く」

ぼくは、口いっぱいの唐揚げをいっきに飲みこんで答えた。

「これ見てごらん。おじいちゃんだってパソコンくらい出来るんだぞ」

お昼ご飯のあと、おじいちゃんは、観光パンフレットをダウンロードして印刷したものをぼくに見せた。パンフレットには、駅ごとのまわりの様子や見どころが書かれていた。

「すごい！　この駅全部まわるの？」

パンフレットの駅名を指でなぞりながら数えると、47駅あった。

「けっこうあるのね。どれくらい時間かかるの？」

となりからパンフレットをのぞきこんでいた母さんが、おじいちゃんに聞いた。

「琵琶湖線、北陸本線、湖西線と乗りついでびわ湖一周するから、3時間くらいだ」

「おじいちゃん、明日行こうよ。明日がいい」

3時間も電車に乗って、びわ湖一周するって旅行みたいだ。ぼくは声をはずませた。

夕方、翌日仕事のある母さんは、土曜日にむかえに来るからと言って帰っていった。


次の日午前10時、ぼくとおじいちゃんは「JR草津駅」にいた。

まずぼくたちは、となりの「南草津駅」までの切符を買った。

でも直接南草津駅に行くんじゃないんだ。目的の南草津駅と反対方面に出発して、ぐるりと、琵琶湖沿線を反対側から大回りするんだ。そこで一度おりて、南草津駅から草津駅までの切符を買ってもどってくる。電車でびわ湖一周する「ビワイチ」は、一筆書きで行ける所なら、一駅分の切符で行けるんだ。きのうおじいちゃんが教えてくれた。その切符を大事にポケットに入れる。

　改札を通って、ぼくたちはホームにおりた。階段付近は人が多かったのでホームのはしっこのほうまで歩いて一番後ろの車両に乗ることにした。

　ぼくは電車の来る方向を見た。そして、早く来い！　心の中でくり返した。

「もうすぐ来るぞ」

　時計を見ていたおじいちゃんがそうつぶやいたとき、遠くの方に小さく電車が見えた。

「あっ来た。おじいちゃん、電車が来たよ」

　ぼくが電車を指さしながら言っているうちに、電車はゴーという音といっしょにホームに到着した。

「おじいちゃん、早くこっちだよ」

　あわてなくていいと言うおじいちゃんの手を引っぱりながら、ぼくはまど側の席にすわった。そのほうが外の景色がよく見えるからだ。

　電車がゆっくりと走りだした。ビワイチのスタートだ。ぼくは、まどに顔をすりつけるようにして外の景色をながめた。ところどころに満開のサクラが見える。

　電車は各駅にとまっては走りだす。どの駅も駅近くは、建物や店のかんばんがあってにぎやかだけど、少しはなれると田畑や町なみが続く。でもびわ湖は見えない。

「おじいちゃん、びわ湖は？」

「琵琶湖線からは、あまり見えないんだ。でも、近江塩津駅から湖西線に乗りかえたらたっぷり見られるぞ」

楽しみにしておけよ、というように、おじいちゃんはぼくを見た。

近江塩津駅は、おじいちゃんが今朝、お弁当を食べようと言っていた駅だ。はやく着かないかなあ。お弁当何が入っているのかな。そんなことを考えながら、ぎゃく側の車窓の外の景色を見ていたら、田んぼの向こうに見える山が、いっしゅんおにぎりに見えた気がして、ぼくは目をこすった。お腹がグウッとなった。

「真一、もうお腹がへったのか？」

おじいちゃんがぼくの顔をのぞきこんだ。

「あの山がおにぎりに見えただけ」とはずかしそうに山を指さすと、

「伊吹山だよ。そう言われると、おにぎりみたいかな」

おじいちゃんは笑いながら、おばあちゃんが持たせてくれたチョコレートをつつみ紙ごと半分くれた。

草津を出てから40分くらいで米原に着いた。すると車内アナウンスで、電車の前4両を切りはなして、後ろの車両はここの駅止まりだとわかった。

ぼくたちが乗っているのは、一番後ろの車両だ。

「たいへんだ！　いそがないと」

ぼくたちは、ホームを走った。息を切らしながら４両目に乗りこむと、けっこう車内はこみ合っていて、とてもすわれそうにない。おじいちゃんを見ると、かたで息をして苦しそうにしている。なんとかおじいちゃんをすわらせてあげたくて席をさがすけれど見つからない。こまったなって思っていると、

「ここかわるよ。すわって」とメガネをかけた男の人と、髪の長い女の人が立ち上がって席をゆずってくれた。

「ありがとうございます」とおじぎをするぼくに、「どういたしまして」とメガネの男の人はやさしく笑った。

ぼくは今まで席をゆずろうかなと思っても、はずかしくって口に出せなかったけど、これからは勇気を出して言おうと思った。

お昼前に近江塩津駅に着いたぼくたちは、ホームのベンチでお弁当を食べてから、湖西線に乗りかえることにした。駅から見えるサクラはまだ満開にはほど遠い。

おばあちゃんの手作り弁当はボリューム満点だ。大きなおにぎりと、唐揚げや玉子焼き、ウインナーなど、ぼくのすきなものばかりギュッとつまっている。だからおばあちゃん大

すきって思いながら、いきおいよく食べていると、

「うまいか、あわてなくていいぞ。ゆっくり食べろ」

そう言うとおじいちゃんも、おにぎりをおいしそうにほおばった。

お弁当を食べ終わったぼくたちは、ホームにとまっている姫路(ひめじ)行きの電車に乗りこんだ。でも、電車は発車しない。まだかな、ぼくはキョロキョロまわりを見わたした。

「真一すわっていなさい。そうだ、これ見てごらん」

おじいちゃんはカバンから、きのう見ていた観光パンフレットを出してぼくに見せた。

「あ、今ここだよね」

ぼくは、パンフレットの近江塩津を指さした。そして、きのう数えて47駅あると言っていたから、今半分くらいきたかなと思いながら、これから行く駅を指でなぞった。すると、漢字ばかりの中にひとつだけカタカナの駅名があるのに気づいた。

「おじいちゃん、マキノってカタカナの駅名があるよ」

何か発見した気分になったぼくは、声をはずませた。

「旧(きゅう)マキノ町は、全国で初(はじ)めてのカタカナの町でしたと、書いてあるぞ」

パンフレットをのぞきこんだおじいちゃんが言った。そのとき、発車のアナウンスがあり、電車はゆっくり動きだした。ビワイチ後半のスタートだ。

「ここからは、だんだんびわ湖が近くに見えてくるぞ」というおじいちゃんの声にぼくの胸はふくらんだ。

電車が「マキノ駅」にとまったとき、ここだ！　ぼくとおじいちゃんは顔を見合わせてうなずいた。

近江高島をすぎてトンネルをぬけると、おじいちゃんの言っていたとおり、走っても、走っても、まどの外にびわ湖が見える。いつも浜大津港から見ているびわ湖とぜんぜんちがう。まるで海みたいだ。

春のやわらかい陽ざしをうけてキラキラ輝くびわ湖。ぼくはまどガラスに顔を近づけくいいるように景色を見た。

「真一、砂浜が見えてきただろう。近江舞子だ」

おじいちゃんが指さす方に目を向けると、松林の向こうにちらっと砂浜が見えた。少し進むと砂浜の向こうに広がるびわ湖。水の色は同じじゃない。砂浜近くは明るくすき通った色だけれど、陸からはなれるほど色が青く濃くなっている。不思議に思ったぼくがたずねると、砂浜近くのあさせでは、太陽の光が湖底までとどいて明るいけれど、陸からはなれるほど水深が深くなるから色が濃くなるんだと教えてくれた。さらにおじいちゃんは、近江舞子には水泳場がいくつかあると教えてくれた。

思いっきり砂浜を走ってびわ湖にとびこむ自分を思いうかべながら、まどの外の景色を見る。進行方向に向かって左側のまどには、広いびわ湖がさまざま表情（ひょうじょう）を見せた。しばらくすると、前の方に小さく橋がかくにんできた。

「橋が見えてきたよ。おじいちゃん」

「琵琶湖大橋だよ」

電車が進むにつれて、橋は大きく見えてきた。橋の上をたくさんの車が行きかう。

「車がたくさん通っているね」

「琵琶湖大橋は、対岸の守山市と大津市をつないでる橋なんだよ」

そのとき、橋の下を通る船が見えた。

「あっ、船が通ってるよ」

ぼくが、おどろいて言うと、おじいちゃんは船が下を通れるように、琵琶湖大橋は高いアーチの形をしているんだと説明してくれた。

その後も景色を楽しみながら「山科駅（やましなえき）」に到着したぼくたちが、琵琶湖線に乗りかえるためにホームの階段を上っているとき、ぼくは切符がないことに気づいた。

今朝、草津駅でおじいちゃんから、落とすなよと言われて、ズボンのポケットに入れたはずなのにない。ないはずないと思って、何度もポケットに手を入れてさがしても見つからない。どうしたらいいのかわからなくて、上目づかいでおじいちゃんを見た。

ぼくの視線を感じたおじいちゃんは、ごつごつした大きな手でぼくの頭をなでた。おじいちゃんの手はとても温かかった。

「どうした、つかれたのか」

「おじいちゃん、切符なくした」

ぼくの目から涙があふれた。おじいちゃんは、少しおどろいた顔をしたけど、

「落ち着いてさがせ」とぼくをホームのベンチにすわらせた。

ぼくは、もう一度カバンや上着のポケットをさがした。すると、カバンの外ポケットから、チョコレートのつつみ紙といっしょに出てきた。

「あるじゃないか」

おじいちゃんは、おれた切符をていねいにのばして、ぼくにわたしてくれた。

「よかった、ありがとう」

ぼくが下を向いたままつぶやくと、おじいちゃんが、小さくうなずく気配がした。

琵琶湖線に乗りかえて南草津に向かう電車の中でぼくは、切符をなくさないように、しっかりとにぎりしめていた。

南草津駅に着いて改札に向かって歩いているとき、ぼくは不安になっておじいちゃんの

手をギュッとにぎった。おどろいたおじいちゃんは、ぼくの顔をのぞきこんだ。

「どうした？　お腹でもいたいのか」

「この切符で出られるんだよね。だいじょうぶだよね」、ぼくは小声で言う。

「あたりまえじゃないか、きのう説明しただろう。忘れたのか」

おじいちゃんは笑いながら言った。でもぼくは、少しドキドキしながら改札を出た。

改札を出たぼくたちは、草津までの切符を買って帰った。

草津駅からの帰り道、おじいちゃんがたしかめるようにたずねた。

「電車でびわ湖一周どうだった？」

「楽しかった。びわ湖って、大きくって海みたいだった」

と、スキップしながら答えた。

「きのう母さんが、自転車でビワイチしたって言ってたんだ。ぼくも今度は、自転車でびわ湖一周してみたいな」

ぼくは自転車でびわ湖一周している自分を想像しながら、家に向かって走りだした。

「ころぶなよ」

おじいちゃんの声が、ぼくの背中を追いかける。

人間は考えるアシだ

文　寺井一二三
絵　小林光子

7月2日、今日は中主小学校の4年生の環境学習の日だ。2時間目にびわ湖の環境について学習し、3時間目はヨシのなえを植えるのだ。ヨシはびわ湖にとって大切な植物だ。

「晴君、今日はヨシのなえを植える日だよ」

なかよしの友作がいつもより早くさそいに来た。ぼくは晴玖。友作はぼくを晴君と呼ぶ。

2時間目。教室を暗くし、スクリーンに映しての学習。そこには昔のびわ湖の風景や、人々のくらしがあった。田舟に牛を乗せて田んぼへ行く様子もあった。

ヨシがむらがっているところをヨシ原という。ヨシは3メートルをこえる高さになる。どっしりとして風にも波にもサワサワ、ザワザワとゆれている映像にぼくは見入った。

以前、近江八幡の水郷めぐりにおじいちゃんと行った。船頭さんのゆったりした、ろの動きで船は音もなく、ヨシ原の中を進んだ。その時、なぜかなつかしい気持ちになった。あの水郷のようなヨシ原が、昔はびわ湖のあちこちにあったことが分かった。

「びわ湖の水はきれいやったから、そのまま飲めたんや」

おじいちゃんがよく言うけれど、そんなのウソだろうと思っていた。でも、今日の授業で、お茶わんを洗っている映像を見て、おじいちゃんの話は本当だと知った。

教室を明るくして、先生が質問をした。

「ヨシ原は水の流れを弱くし、よごれをしずめ、水中のチッソやリンを養分として取り入れて、水をきれいにしてくれるのだったね。では、ヨシ原にはどんな生きものが住んでいたかな?」

ヨシ原のことだ。発表しなければ……と、ぼくは「はーい」と手を上げた。先生が当ててくれた。(やったあ!)

「コイやフナがたまごを産みに来て、ヨシノボリやスジエビが住んでいます。それから、ええっと、ヨシキリやオオヨシキリが巣を作ります」

「そうだったね。ではそれらがヨシ原に住むわけは何だったかな?」

ぼくは続けて答えた。

「ヨシ原では、びわ湖の固有種（こゆうしゅ）の産まれたばかりの魚も、ブラックバスなどに食べられる心配が少ないです。またエサが多いので育ちやすいです」

次に友作が当てられた。

「カイツブリやカルガモなどがたまごを産みに来ます。ヨシ原は鳥や魚が住みやすいので『ゆりかご』と言われています」

「二人ともよくわかってくれたね。固有種ってみんなは分かるかな？　ホンモロコやイサザなどびわ湖にだけ生息する種ってことだよ。ヨシで作った物に何があったかな？」

「ヨシズ」「ヨシ笛」みんなが口々に発表する。「紙」と発表した一郎君はヨシ紙ノートをひらひらさせた。先生が、

「ヨシズは陽ざしをさえぎるけれど風を通すから、夏にまどにつるすとすずしくて気持ちがいいね。君たちの家にあるかな？　紙は一郎君の持っているノートにもなっているね。それからヨシ笛はいい音色だね。ヨシ笛を、聞いたことあるかな？」

「あります。お母さんがヨシ笛ふいています」

道子ちゃんがうれしそうに答えた。

「水べにヨシ原がある景色（けしき）は、見る人の気持ちをおだやかにしてくれるね。でもそんなヨシ原がずいぶんへったんだよ。昭和28年（１９５３年）に２６０ヘクタールあったヨシ原

が、平成3年（1991年）には127ヘクタールにへったんだ。たった40年足らずの間にあさせを農地にするため干上がらせる干拓や、うめ立てで半分以下になってしまったんだったね」

おじいちゃんの口ぐせの「ヨシ原がへった」を、先生が数字をあげて分かりやすく教えてくれた。

「他に何かヨシについてお家の人に聞いていることはないかな？」

ぼくは手を上げて発表した。

「おじいちゃんがヨシとアシは同じもんやと言うので、琵琶湖博物館の学芸員さんに聞いたんです。そしたら昔はアシと言っていたけれど、『悪し』に通じるので『良し』に通じるようにヨシというようになったということでした」

「そうなんだ。だからヨシもアシも漢字は同じなんだよ」

と、先生は黒板に大きく『葦』と書いて、質問を続けた。

「他に何かないかな？」

友作がぼくの顔を見ながら、ちょっとこまったような顔をして、手を上げた。

「ぼく、晴君のおじいちゃんに『考えるアシ』になれってよく言われます。でも意味が分からなくてこまっています」

「晴玖のおじいちゃんはよいことを言うね。昔、パスカルというえらい人が言った言葉なんだよ。人間は自然の中で最も弱い1本のアシにすぎないが、考えることができるからえらいって言うんだ。先生もおじいちゃんと同じ考えだ。どうか君たちは『考えるアシ』になってください。アシは今日みんなが植えるヨシのことだよ」

休み時間になった。

「ごめんな。かってに晴君のおじいちゃんを出して。おじいちゃん、むつかしいこと言うからちょっと苦手やった。でも、意味が分かって、おじいちゃんのことすきになったよ。晴君はおじいちゃんの言う考えるアシになれってどんなことだか分かっていたの？」

「何となくだけどね。友作がすきになってくれておじいちゃん、きっとよろこぶよ」

3時間目。ぐん手をはめてエントランスへ行くと、ボランティアの人たちがいた。そこにはブルーシートがしかれて、ひりょうをまぜた土、20センチばかりに育ったヨシのなえ、直径も高さも10センチくらいの黒いなえポット、そしてスコップが用意されていた。小さななえを植えて、大きく育てるのだ。

びわ湖の水と地域の環境を守る会の代表の松沢松治さんが、ヨシの植え方をていねいに教えてくれた。

教えられたとおりに、ヨシをなえポットにくきがおれないように入れて、そっと土をかぶせて、やさしくおさえつけた。となりの友作は、ふだんから手がよごれるのをひどくきらうので、もたもたしている。ぐん手をはめているから平気だろう、と言っても土をさわれないようだ。しょうがないから代わりにぼくがおさえつけてやった。

全員が1かぶずつ植え終わると、校庭のすみにある水をはったヨシのプールに入れる。プールは和室のたたみ1まいより少し大きいくらいで、深さは15センチくらいだ。

「元気に育てよ」と、ぼくはザブッと入れた。友作はヨシを何度もなでてからプールにしずかに入れた。それを見てぼくは笑ってしまった。最後に松沢さんが言った。

「ヨシはびわ湖にとって大切な植物。大事に育てて、秋にはびわ湖へ植えましょう」

明日から夏休みだ。暑い日が続いている。

「友作、長いこと雨ふってないし、ヨシを見に行こう」

ヨシのプールに行くと、水が少なくて、ヨシは元気がなかった。そうじ用のバケツを使い、二人で手洗い場からプールまでバケツリレーで水を運んだ。何度もくり返し運んで、へとへとになって日かげでねころがった。

そこへ松沢さんが水道のホースを持ってやって来た。

「ヨシに水を運んでくれてたんか。よう気がついてえらいなあ!」

ていくれ（ホースか！　ぼくらの苦労は何だったんだ！）

松沢さんたちは4年生120名が植えるヨシのなえを作り、植えた後も世話をしてくれているのだ。

ぼくたちは2学期になってからも、何度も見に行った。ヨシは元気に育ち、1メートル近くになっているのもある。そろそろびわ湖へ植えに行く日が近づいてきた。

11月27日、ヨシをびわ湖岸に植えるため、バスで現地へ行った。おきの向こうに八幡山が見える。育てたヨシをボランティアの人たちが、軽トラで運んできてくれた。

波打ちぎわの少し手前に50センチ間かくにシャベルであなをほってくれる。そのあなの中に水がジワーとたまってくる。そこへヨシを植えるのだ。

「晴君、見て。ぼくのポットのそこ、なんかぬるぬるする！」

「ナメクジがついているよ」

「えっ」と、おどろいた友作がポットを落とした。ぼくはとっさに両手でうけとめた。

「晴君、ありがとう！　ごめんな、ぼくのヨシ、びっくりしたか？」

ナメクジを落としてやったが、根っこがからんでヨシを取り出せないようだ。なえポットのそこのあなに指をつっこんで取り出して、植えつけたあと、手でおさえつけた。

「足でふみかためればいいのに。手がよごれているよ。平気なの？」

「うん、土は平気になったんだよ。理由は後で話すね」

松沢さんが植え終わったヨシを見てから、みんなの顔を見ながら、

「今、植えたなえが大きくなりヨシ原になります。君たちが学習した通りヨシはいろんなはたらきをします。今日、ヨシを植えたことを大人になっても忘れないでください」

とあいさつすると、みんな「うん、うん」とうなずいた。

新聞社の人がパシャパシャと写真をとっている。友作にマイクを向けてきた。インタビューだ。はずかしがり屋の友作がうまく答えられるか心配だ。なんとかしてやらなくては！　ぼくは「落ち着け」と胸に手を当てて、目でも合図を送った。

不安そうだった友作はぼくの合図を見てうなずくと、はきはきと答えた。

「大きく育ってほしいと思いをこめて植えました」

帰りのバスの中で、友作が話してくれた。

「くきがおれてすてられるヨシのなえを、5かぶもらったんだ。それをバケツに植えてほしいと母さんにたのんだら、もう4年生だから一人でやりなさい、と言ってやってくれなかったんだ。だから一人で全部やるうちに手がよごれるのなんか平気になったんだ」

ぼくがしんじられなくておどろいていると、

「ミミズは畑の土にとって大事なはたらき者だから、ミミズもバケツに入れてやる。今に晴君のようにミミズを手で持ってみせるよ。まだちょっとこわいけど」

「へえ、すごいなぁ」

よくじつ、友作が遊びに来ると、おじいちゃんは新聞を広げて、

「この記事やな。上手（じょうず）に答えている」

「晴君が『落ち着け』って合図をしてくれたおかげなんや」

「おじいちゃん、友作はえらいよ。すてられそうになったヨシのなえを育てているんだ」

「そうか！　二人ともヨシや友だちを思いやれる考えるアシになってくれたんやなあ！」

長雨が続き、みんなで植えたヨシが波で流されてないか、心配だった。12月中ごろの晴れた日、おじいちゃんに友作と二人でびわ湖へヨシの苗を見に行くと言うと、

「あそこは遠あさだから安心だが、気をつけるんだよ」

と許（ゆる）してくれた。びわ湖の水位（すいい）は少し高かったが、ヨシは水の中ですっくと立っていた。

二人で5かぶのヨシを植えて、どろでよごれた手を見せて笑いあった。

「おじいちゃんはこのごろ足やこしがいたいんや。だからぼくがおじいちゃんの代わりにびわ湖を守っていきたいんや」

「おじいちゃんの代わりって、たいへんだよ」

「ぼくもそう思うよ。ヨシは、かると春によい芽(め)が出るから、おじいちゃんたちが毎年かって、かわいたヨシを組んで松明(たいまつ)まつりをするだろう。ヨシかりを手伝(てつだ)いたいんや」

「それ、いいね。ぼくもやりたいよ」

「ぼくはよく琵琶湖博物館に行くだろう。学芸員さんは大昔のびわ湖のこと、今のびわ湖のこと、固有種の魚のことなど何でも知っているんだ。前からあこがれていたんや。大人になったら琵琶湖博物館の学芸員になりたいと思っているんや」

「すごいね、晴君ならきっとなれるよ！」

1月にぼくたちが手伝って、かりとったヨシがかわいた。4月、待ちに待った松明まつりだ。ヨシのたばが暗やみの中でパチパチとはぜ、朱(あか)いほのおがゆらめく。夜空をいろどる光と湖面をてらす光。見なれたはずの景色なのに、なぜか不思議(ふしぎ)な景色に見える。

メラメラともえ上がるほのおを見つめているといろいろなことを思い出した。ヨシのなえを育てたこと、びわ湖に植えたこと。ヨシかりの手伝いでは力一ぱい引っぱっても、ぼくの身長の3倍もあるヨシを運ぶのはたいへんだった。切りかぶやぬかるみに足をとられ、二人とも何度も転んだ。ヨシの葉でほっぺを切った時はいたかった。

思い出していると胸がじいーんとしてきた。ぼくたちはだまって顔を見合わせた。

竜王町　鏡の宿の義経伝説

文　フルハタノリコ
絵　克つ

「とうがらい　まあがあったら　とうがらい」

大声ではやしながらたんぼのあぜ道をねりあるく子どもたちは、どの子も青いはっぴを着ている。タイコとシャンシャンとカネをすり合わせる音がリズムをきざむ。

12月、平安末期の武将・源 義経をしのぶ「霜月祭」と「とがらいまつり」の日だ。

前日まで降っていた雨もあがって、祭り日和の晴天の下、鏡神社で烏帽子掛松から義経の魂をいただいた一行は歩き出した。

「とうがらい　まあがあったら　とうがらい」

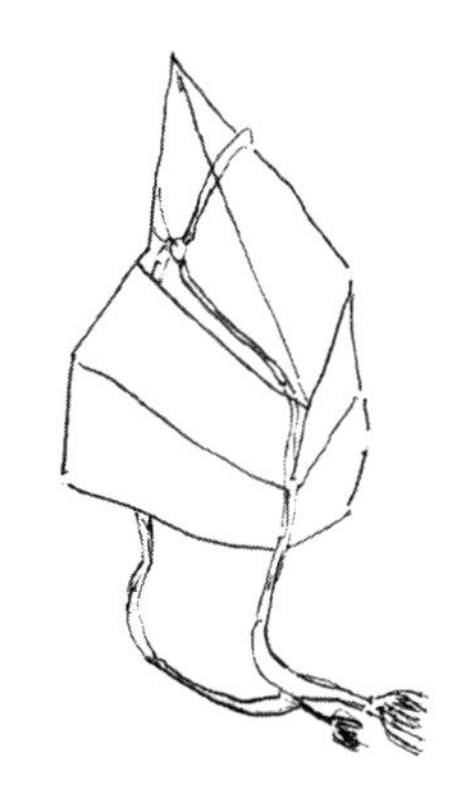

子どもたちの声があたりにひびく。「おとまりください　まあ、おあがりください。時間があったら　とまってください」と旅人たちに呼びかけるかけ声らしい。鎌倉時代、東山道（中山道）にあった鏡の宿にとまってほしいという宿場町のひとびとの願いがこめられている。

「フウタ！」行列の中の一人が、手をふった。同じクラスのトキオだ。フウタは小さく手をあげた。血が首から頭へのぼっていき、耳があつくなった。ほんとうは、この行列に参加するようさそわれたのだが、断ってしまったのだ。

ときおりふきすさぶ風は冷たく、たんぼのあぜ道は茶色いかれ草でおおわれている。

今年の春からばあちゃん家に住むことになったフウタは、小学4年生。大阪から引っこしてきたばかりだ。話しかけられたら話すけれど、自分から話しかけたことはない。トキオは、そんなフウタが気になるのか、なにかと世話をやいてくれる。

滋賀県竜王町の北西、鏡山北山のふもとに位置し鏡の里とも呼ばれるこの地域は、古くから京と江戸をむすぶ街道沿いの宿場町として栄えた。

古代神話において天目古箇一命がこの地で鏡を作ったとする伝説があることや天日槍尊が日鏡をこの山に収めたことから、鏡の名がつけられたといわれる。

鏡山には、雨の神、水の神といわれる竜神がまつられている。そのふもとにある鏡神社には、古代朝鮮の国・新羅の王族がまつられ、その子孫に須恵器を作る技術が伝えられたとされる。なにかと水や鏡にゆかりのある地域である。

鏡神社から出発した「とがらいまつり」の一行は、里内をねりあるいていく。

前を通りすぎていく行列の背中を目でおいながら、フウタは「やっぱり行けばよかったかな」と思わずひとりごとをつぶやく。見物客は行列についていったか家に入ったかで、いつのまにか人っこひとりいない。そのことでよけいにポツンと取りのこされたような気持ちにさせられる。

烏帽子掛松のそばには、義経が元服する時にその姿をうつしたと伝わる鏡池がある。そのふちに立ち、フウタはそっとのぞきこんだ。青白い顔のなかで黒いひとみがじっと自分をみつめている。とうめいな水がかすかにゆれてはもんが広がった。

「あー、あった」

後ろから声がした。ふりかえると、烏帽子掛松から黒い帽子を取りあげて、頭にかぶろうとする人の姿があった。なんだか見なれないかっこうをしている。はかま姿に刀をさしていて、まるで時代劇の武士のようだ。せかっこうは、中学生か高校生といったところだろうか。

「忘れ物をしてね。取りにきたんだ」

青年が頭にのせた黒い帽子は、三角すいのような形で先が左側に折れている。フウタに気づいてそばにやってきた青年は、池のふちに立ち、中をのぞきこんだ。水は鏡のようにすんでいる。

「うん、よし」

青年は、帽子を整えてほっとひといきつく。

フウタもつられて池をのぞきこむ。

「君、なんだか変なかっこうをしているね」

「そっちこそ」

ふだんは知らない人と気軽に話す方ではないフウタだったが、あまりにもびっくりして思ったことがそのまま言葉になる。

二人は互いにジロジロと見つめあった。

「わたしは、源義経」

「ええっ。義経？　なんで？」

祭を前に、この地域に伝わる義経の伝説は、さっき聞いたばかりだ。

「京の鞍馬山からおりてきたところで、これから奥州にいる藤原秀衡に会いにいくんだ」

「奥州？」

聞きなれない言葉だった。

「奥州ってのは、ずっと東の方さ」

これは、昔の呼び方で、いまでいう福島県、岩手県、宮城県、青森県のあたりをさす。

「子どもの姿で旅をするのはあぶないから、元服して、大人のかっこうをしていくんだ」

「元服？」

また、知らない言葉だ。

「武士が子どもから大人になるための儀式のことだよ。この烏帽子はその時に使われるものなんだ。

それなのに、わたしときたらうっかり松の木にかけたまま忘れてしまうなんて」

「一人で行くの？　家の人は？」

「父はいないんだ。母は都でくらしていて、わたしは鞍馬寺にあずけられていたんだ」

「いっしょや。ぼくも父さんはいなくて母さんは大阪でおそくまではたらいてるから、ぼくは、ばあちゃんとここでくらすことになった」

フウタはおもわず口をはさんだ。自分と同じような境遇の人に会えてうれしかったのだ。

義経は池のふちにこしかけた。

木の葉はもうとっくに散ってしまって、ときおりふきぬける風は冷たい。

「わたしが育ったのは、山の中にある寺でね。都からは遠くはなれているからまったく何もなくてさ。あるのは山の木、風、動物たち、そして時にはテングもいたな」
「テング？　あの鼻が長くて大きな葉っぱのうちわを持った？」
「そう。そのテングに武士になるための訓練をつけてもらったのさ」

青年はこれまでの人生を語り始めた。

『わたしの父は、源氏の大将・源義朝で、平清盛ひきいる平氏とのたたかいにやぶれ、ころされてしまった。赤ん坊だったわたしは牛若丸と呼ばれていた。しばらく母のもとでくらしたのち、7歳のときに鞍馬寺にあずけられたんだ。そのころには遮那王と呼ばれるようになっていた。将来は寺の僧侶となるべく、読み書きや経を学んだんだ』

「名前が3回も変わったんや。ぼくの場合は、苗字が変わった」
父さんがいなくなって、母さんは結婚する前の苗字にもどしたから、フウタは中村から田中になった。そんなところも自分とにている。

『11歳になったある日、父のことを知ってしまったんだ。わたしは父をころした平氏を倒すために強くなりたいと思うようになった。それからは、毎晩、鞍馬寺と貴船神社のあいだにある、僧正が谷という山の中で武術の修行にはげんだ。木を平氏にみたてて切りつける練習なんかをしていたんだ』

「11歳か、今のぼくと同じ歳や」

話を聞けば聞くほど、義経との共通点が見つかって、ますます親しみがわいてくる。

『ある日、木がしなる音がひときわ大きくひびいた。見上げると、そこには、けものの毛皮をはおり、頭に小さな四角い帽子をのせた男がいる。やつは木の間を軽々とはねまわっていて、足には一本歯をもつゲタをはいていた。そして、何よりおどろいたのは、その顔だった。みたこともないような長い、それは大きな鼻が顔の真ん中から突き出ていたんだ。

「やや、なにものじゃ！」

うわさには聞いていた。ここいらの山ではテングが出るって』

「背中にツバサがあって自由にとびまわれるんやろ」

義経はうなずいた。

『木から木へ軽々と飛びうつりながらおどっているようでもあり、樹木とたわむれているようでもあった。

「おまえに兵法を教えよう」

風がふき、山中の木々がいっせいにうなった。鞍馬の山道は、土がかたいから木の根っこが地下に伸びることができず土の上に顔を出している。あたり一面木の根がはえて、でこぼこした道をテングとともに走り、はね、刀を交えた。それから、毎晩、森へでかけるようになった。武術のうでは、メキメキとあがっていった。「遮那王、お前は毎晩どこぞへでかけているようじゃが、いったいどこへいっておるのじゃ？」

寺のおしょうはふしんに思っていたらしい。

「武術の修行です」

わたしはテングが相手をしてくれていることは言わなかった。ひみつにしておきたかったのだ。しかし、おしょうは気づいていたかもしれない。昼間は寺で勉強にはげみ、夜はテングに兵法を学んだ』

「昼も夜もって、大変そうやな。ぼくなんて、夜はすぐに寝てしまうのに」

「まだまだ足りないさ。もっと強くならないと平氏を倒すことなどできやしない」

「ぼくの2倍、生きているみたいやなあ」


『鞍馬寺にいる武術にすぐれた子どもの話はじょじょに都でひろまりつつあった。鞍馬寺のおしょうは、都の平氏方にこのことが伝わることをおそれた。源氏の大将の子どもとなると、平氏が放ってはおかないだろう。

「たたかい方の練習ばかりしていることが知れたら、たいへんなことになるぞ。はやく髪を落として、僧侶になれ」

そんなおり、奥州から鞍馬山に来ていた金売り商人・吉次が、わたしを源氏の子孫と知り、奥州の藤原秀衡の元へ行かぬかと声をかけてきたんだ。わたしはよろこんでついていくことにした』

「そこは、ぼくと違うわ。ぼくはさそわれても祭の行列に参加しいひんかったもん」

フウタは、ちょっとがっかりする。やはり伝説になるだけあって義経は自分とはぜんぜんちがうのだろうか。

「したくないことは、しなくてもいいんだよ。わたしは、自分の心の声にしたがうことにしているんだ」

『16歳になっていた。吉次とお供のものを連れて鞍馬山からおりたわたしは、東山道を通り奥州を目指す道中、近江の国(現・滋賀県)の「鏡の宿」で、時の長者沢弥傳の「白木屋」屋敷にとまった。

そのころ、鞍馬寺では、わたしが寺を出たことを隠していたのだが、じきに世間の知るところとなり、都では、とらえようと平家の侍たちが、子どもすがたの遮那王をしゃかりきになってさがしている、といううわさが聞こえてきた。

「兄は16ですでに、戦場に立っていたと聞く。わたしもここ鏡の地で元服しよう」

3月3日ももの節句、追っ手から逃れるために元服することを決意した。

侍烏帽子、唐織の直垂に太刀をたずさえ、すっくと立って言い放ったんだ。

「わたしは、今日から源九郎義経と名のる」

左おれの烏帽子は源氏のしるし、右おれは平家。平家が力をふるっていたころ、左おれの烏帽子はご法度とされていた中でのこと』

「どうしても源氏のほこりをしめしたかったんだ」

左おれの烏帽子を頭にのせた義経は元服池をみつめている。

「まだ16なのに、たいへんな目にあったんやね。それに比べてぼくの毎日にはなんにも起こらへんよ」

山でテングと交流したり、誰かに命をねらわれたり、見知らぬ場所へ旅に出たり。事件（じけん）だらけではないか。フウタは池に視線（しせん）をやった。

「わたしと比べることはないんだよ。君は君なんだから。たしかに、いろんなことがあったし、たいへんな目にもあったけれど、おかげで強くなれた。それに、これから行く奥州でどんなことが起こるのか楽しみなんだ」

風がふいて水面がゆらゆらとゆれた。

「フウタ」

よばれてハッとふりむくとトキオが手をふっている。里内をねりあるいていた一行が神社にもどってきていた。

「そこに、何かいるん?」

トキオの息ははずんでいる。いつのまにか義経の姿は消えていた。

「フウタもくればよかったのに」

水面には、フウタとトキオの姿がならんでいる。

あれは、たしかに義経やった。元服して、強そうやったけど、義経だって、最初から強かったわけやない。11歳のころ、テングと修業をはじめて、毎日少しずつ力をつけていったんや。

「うん。来年は参加する」

二人は同時に烏帽子掛松の方をみた。

ひとふきの風がとおって、元服池にうつる二人の姿がユラリとゆれた。

丁稚ようかん

文と絵　西堀たみ子

朝早く、耕史はお兄ちゃんとお姉ちゃんといっしょに、お父さんの車で長浜に行った。

「よう来てくれたね。待っていたよ」

ばあちゃんが笑顔でむかえてくれたけど、いつものばあちゃんとはちがって、どこかさびしそうだ。

今年の1月におじいちゃんが天国に行ってしまったのだ。

今日はおじいちゃんの百ヵ日の法事だ。これからお坊さんのお経が始まろうとしている。

親せきのおじさん、おばさんも姿勢を正して、神妙な顔つきで正座している。仏様の前には、お盆の上にくだものや、お菓子が供えられている。

「耕史くん、お供え物を分けるお手伝いをしてくれよ」

お経が終わった後、おじさんが耳元で小さい声で言った。耕史はあわてて立ち上がった。湖北では、法事が終わった後、お供え物をひとつひとつ分けて、集まった人みんなに持って帰っていただく風習があることをおばさんが説明してくれた。

「リンゴはひとつずつ、バナナは2本ずつに分けてね」

おじさんは丁稚ようかんを手に持って話し出した。

「これは丁稚ようかんっていうんだ。お菓子の元祖ともいわれているほどの昔からのお菓子で、滋賀県の郷土食だよ。おじいちゃんがすきだったお菓子の一つなんや。おじさんも小さいころはよく食べたもんや。なつかしいなあ。そう言えば木之本地蔵さんにおまいりしたときには、おふくろがよく丁稚ようかんを買ってくれて食べていたな」

おじさんは小学生のころを思い出しているみたいだ。

たしか、おじいちゃんはお酒が好きだったはず。耕史が長浜に遊びに行った夕食時には、ちびちびお酒を飲みながら「うまい、うまい」と口ぐせのように言って、いろんな話をしてくれた。まさかおじいちゃんがあまいものがすきだったなんて。耕史は初めて知った。

「おじさんがちょうど耕史くんと同じ小学生のころね。あの当時はテレビで番頭はんや丁稚どんのおもしろい番組があってね、よく見ていたもんや。丁稚さんっていうのは、江戸時代の後半から明治時代、大正時代、昭和の戦前まではたらいていた人のことだよ」

丁稚さんって人の名前ではないんだな。どんな人のことだろう？　ますます知りたくなり、耕史は身を乗り出しておじさんの話を聞いた。

「丁稚さんはなあ、商人の家に住みこみ、だんなさんからたくさんの商売の仕方を習いながらはたらいていた少年のことをいうんだよ。そのことを丁稚奉公ともいうんだ。いろんなことを勉強したんだ。今の「学校」みたいな所なんや。もちろん本当の学校に行く人もいたけど、そのころは、次男や三男は京都や大阪の問屋さんなどに行くのがあたりまえだったんだ。10歳から14歳くらいの少年が多かったそうだよ。大正時代には、あちこちに店をかまえて、成功する人たちが多かったらしいよ。そのかげには、丁稚さんが奉公をして努力してきたことが大きく影響しているんだ。丁稚さんは、朝早くから夜遅くまで、掃除をしたりおつかいに行ったり、そしてその合間に読み書きそろばんを勉強して、休む間もなかったんだ」

耕史はそんなにいそがしかった丁稚さんが心配になって、おじさんに聞いた。

「丁稚さんの一番の楽しみはなんだったのかな」

「そうやなぁ。楽しみといえば、お盆と正月の里帰りかな。ひさしぶりに家族に会えることだろうね」

「えっ、そんなに帰れなかったのかあ。1年にたったの2回だけなんだ」

「そのときのおみやげとして持ち帰ったのが竹の皮につつまれた『ようかん』だったんだ。それがいつしか、『丁稚ようかん』と呼ばれるようになったんだよ。材料は小麦粉と小豆、砂糖と塩だけで作られた素朴な味でね。丁稚さんのわずかなお給金でも買うことができたから、休日前になると、先を争うようにしてならぶ丁稚さんの列ができたそうだよ」

「そうだったのか。丁稚ようかんはみんなを笑顔にしてくれるんだね。あっ。そうやった。はようお供え物を分けんと」

耕史は急いでお供え物を分けはじめた。

その後、丁稚ようかんをいただいた。

「竹の皮のにおいがする」

「ほんまや、竹のにおいとようかんのにおいが混じり合ったいいにおいだ」

お兄ちゃんもお姉ちゃんも前かがみになって、フンフン、クンクン、においをかいでいる。その姿がいかにもおかしなかっこうなのでおもわずみんなで大笑いをした。耕史たちはそろっと竹の皮をはがしていった。

「ツルツルで、しまもようがついていておいしそうだ」

「ようかんににているけど、おもちみた～い」

「もっとおかわりしたいくらいやな」

あまりにもおいしかったので、耕史は竹の皮についているようかんのかけらも、のこらずつまんで口の中へほうりこんだ。

みんなは、ワイワイ言いながら、ぺろりとたいらげてしまった。

耕史は、丁稚さんも久しぶりにお父さんやお母さん、おじいちゃんにおばあちゃん、そしてきょうだいたちと会えたことをよろこび合いながら、ワイワイ言って食べていたのだろうなと思った。

「そんなにおいしかったの？　そんなら今度みんなで作ってみようかね」

ばあちゃんが提案(ていあん)した。耕史たちは大賛成(さんせい)した。

「うん、作ってみよう」

「それじゃ、おじいちゃんの一周忌(しゅうき)に作ることにしょうか」

おじいちゃんがいた時のように、元気をとりもどし、にこにこしているばあちゃんを見て、耕史はうれしくなった。

丁稚ようかんを作る日がやってきた。

耕史は前日からうれしくて、ワクワクドキドキしていた、お兄ちゃんもお姉ちゃんも頭には三角巾(さんかくきん)、そしてエプロンをかけ、マスクをつけてやる気満々(まんまん)だ。

丁稚ようかんの材料の小麦粉と砂糖と塩、そして小豆に竹の皮は、すでにばあちゃんが準備してくれていた。

「小豆は、村田さんが田んぼで作られたものでね。竹の皮は洋子さんが取り置きしておいてくれたものなの。二人ともばあちゃんのお友だちなのよ。どれも自分の家の畑や竹やぶでとれたものばかり、これが自給自足でもあり地産地消なのよ」

いつもばあちゃんのことを応援してくれる友だちがいるんだなあと、耕史はうれしくなった。

「さあ、みんな、丁稚ようかん作るよ」

ばあちゃんの元気なひと声ではじまった。最初にお姉ちゃんが小豆を洗った。器用に手をクルクル、クルクルと回しながら洗っていく。小豆がまわるまわる、小豆と小豆がぶつかりあい、ササーササーササーと軽やかな音がした。

「そのまま、あくをとるために、たっぷりの水に30分ほどつけておくのや」

その間に、ばあちゃんが大きななべに水を8分目ほど入れておいた。

「さあ、なべに入れるよ」

ザザッーザザザッーザザーと小豆の音、まるで雨の音のようだ。

大きななべを、火にかけて煮ること1時間あまり、中では、グツグツ、グツグツ、そして泡がブクブク、ブクブクと。それとともに、小豆がクルクルクルと回り出した。まるでダンスでもしているようだった。

「まだまだやな、やわらかくなるまでには、けっこう時間がかかるのよ」

ばあちゃんは、時々おはしで小豆をつまんでは、やわらかさかげんをたしかめている。

「耕史くん、おなべの中の水がなくならないか見ててね。水がなくなると、やわらかくならないし、みるみるうちにこげちゃうからね」

見はり役の耕史の仕事は、こげないようにかきまぜる手がしんどくて、なかなか根気がいった。2時間ほどで小豆が炊きあがった。

ばあちゃんは、大きなざるにザザーッとあけた。あたりは湯気で真っ白で、いっしゅん周りが見えなくなるくらいだった。お兄ちゃんとお姉ちゃんがうちわであおぐ。あおぐ度に台所が小豆のにおいでいっぱいになった。

「これからが少し手間がかかるんや。布ぶくろに小豆を入れて、しぼって、小豆汁を作るのよ」

ばあちゃんはひとこと、ひとこと、ていねいに言いながら、布ぶくろをしぼっていった。布目からジュワージュワーと小豆色をした汁がにじみ出てきた。耕史たちは、ばあちゃんのまねをして布ぶくろに小豆を入れて、ふくろの口をしめてしぼっていった。

「あっ。ちょっとあつ～い。でもヌルヌルして、やわらか～い。気持ちいいわ」
「フニャフニャーでしぼりにくいな。あっ、汁が出てきた出てきた」
「そうや。上手上手。あんまり強くしぼったらあかんね、上から、ゆっくりゆっくりしぼっていくのがいいね。小豆には、食物繊維やポリフェノールの栄養素が含まれているんや。豆類だからたんぱく質もたっぷりやで。しぼった後の小豆もおやつにいただこうね」

耕史たちは、ばあちゃんの話を聞きながら、小豆汁作りにひっしだ。

次は、それをなべに入れて、砂糖と塩を加えてふたたび火にかけた。しばらく煮るとクツクツクツクッツと小さい泡ぶく。グツグツ、グツグツと大きい泡ぶく。そしてプクプク、プクプク、ブクブクブクブクとにぶい音がしてきた。もう一度うちわの出番だ。耕史たちはうちわであおぐ。

あおぐ度にこんどはあま～いにおいがしてきた。そのうちに湯気がなくなり、まったりとした小豆汁が見えてきた。

「冷ました汁の中に、小麦粉を少しずつ加えて混ぜていくのや」
「さぁ。入れていくよ。これくらいかな？　これくらいかな？」

さすがお姉ちゃんとお兄ちゃんはクッキー作りが上手なので慣れたものだった。みるみるうちになめらかに、ちょうど耳たぶくらいのやわらかさになってきた。３人とも顔や耳のあたりには白い粉が、エプロンにはべたべたとまだらに白いものがついていた。みんなはそんなことはおかまいなしだった。

　ばあちゃんは、やわらかさかげんを見たり、味を見たり、また少し小麦粉を足して砂糖と塩を入れてかげんを見ながら最後の仕上げにかかっていた。その姿は、てきぱきしていて、やっぱりばあちゃんはすごいなと、ただ耕史たちはじぃ～っと見ているだけだった。

「次はいよいよ本当の最後の仕上げ。竹の皮でつつんで蒸し上げて、丁稚ようかんのできあがり。竹の皮は殺菌作用のはたらきがある上に、蒸し焼きの役目もするんだよ。竹の皮はパリパリなので、水にひたしてしんなりさせてから平らにのばすんだよ」

　ひろげた皮の真ん中あたりに、小豆汁と小麦粉をまぜたとろ～りとしたものを、少しずつ流し込んでいく。そして竹の皮でつつむように両側をおりこみ、ひもでむすぶ。最後に蒸し器の中にならべ、40分から50分ほど蒸すとできあがりだ。

　しばらくたつと、家中が、ほんのりした小豆のあまいにおいでいっぱいになった。ワクワク、ドキドキしてうれしくなってきた。

「やっと、できたね」

「みんなと作るの初めてで少し心配だったけど、うまくできてよかった、よかった」

しお
さとう
小麦粉
竹の皮
竹の皮

ばあちゃんは、ほっとしてうれしそうだった。

みんなで作った丁稚ようかん。少し形は悪かったけれど、おいしそうにできた。

一周忌の法要でおじいちゃんのお仏壇にお供えした。

その後食べた丁稚ようかんは、とびきりおいしかった。

いつものにこにこ顔なんだけど、ちょっと泣きそうな声でばあちゃんが言った。

「今日は、みんな来てくれてありがとうね。丁稚ようかん作り、とっても楽しかったよ。本当においしくできてよかったわ。お空にいってしまったおじいちゃんも、今ごろみんなが作ってくれた丁稚ようかんをおいしく食べてくれているよ。ありがとうね」

ばあちゃんが元気になってくれてよかった。やっぱり丁稚ようかんはみんなを笑顔に元気にしてくれる不思議なお菓子だった。

こころをみがく

文　平松成美（ひらまつしげみ）
絵　伊藤空（いとうそら）

「まりちゃ〜ん。こっちこっち！」

３年生の終わりの春休みになって、最初（さいしょ）の日曜日。ぼくは、安曇川（あどがわ）の道の駅で、いとこのまりちゃんと待ち合わせをしている。春休みや夏休みにはいつも、マキノに住むまりちゃんとおとまりしあいっこしてるんだ。今日は、まりちゃんが安曇川のぼくの家にとまる番だ。

「お待たせ〜、たっちゃん」

まりちゃんが走ってきたと思ったら、ぼくの前を通りすぎた。

「あれっ！　あそこにたっている像（ぞう）って、ひょっとして中江藤樹（なかえとうじゅ）とお母さん？　『あかぎれ膏薬』のお話の場面よね」

　像の方へ走っていったまりちゃんを、ぼくはあわてて追いかけた。

「ピンポーン、おおあたり！」

「3月7日の立志祭に向けて、藤樹先生のことを調べたり、お話を聞いたり、たくさんの紙しばいを読んでもらってね。このお話に感動したんよ。だからすぐにわかった」

「ぼくは、『馬方又左衛門』のお話がすきや。お客の忘れた大金二百両を、30キロほどはなれた宿までとどけにいった話。正直な又左衛門かっこいいよな」

　像の前でそんな話をしていると、まりちゃんママが走ってきた。

「あら、お店の入り口はあっちよ。どうしてここにいるの」

「ほら、見て見て。わたしが感動したお話の場面よ。藤樹先生とお母さん」

「まりがすきだって言ってたあのお話ね。はるばる四国の大洲から雪の中を、あかぎれでこまっている小川村に住むおかあさんに、ぬりぐすりをとどけたっていう……」

「このお話のこと知ってるんや！」ぼくはびっくりした。

「まりがね、学校から帰ってきたら、藤樹先生のことをいろいろと話してくれたからね。藤樹先生は安曇川のお生まれで、41歳で亡くなられたあとに、近江聖人って呼ばれるようになったのよね。だから、安曇川の道の駅に像があるのね」

まりちゃんママはとても感動しているようだった。

「ねえねえ、いいこと思いついたんやけど。今から藤樹書院へ行ってみない？」

まりちゃんが、はずんだ声で言った。

「さんせい。学校の体育館であった立志祭で、校長先生がお話しているのを聞いて、ママも行ってみたいなぁって思っていたのよ」

「ここから、歩いて10分くらいで行けるよ。じゃ、案内するね」

ぼくが先頭に立って、歩き始めた。

「この像の道路向かいにあるのが安曇川図書館。図書館と道の駅の間の道路は、安曇川駅から続いてるんやけど、『よえもんさん通り』っていいます」

「よえもんさん？」まりちゃんママが、首をかしげた。

「藤樹先生は、よえもんさんって呼ばれていました。高島市のゆるキャラで『よえもんくん』がいるでしょ。そこからこの道の名前をつけたみたいです」

「なるほどね」まりちゃんママは大きくうなずいた。

「あの信号を右に曲がって藤樹書院まで続く道は、『藤かげの道』っていいます」

ぼくは説明した。そして、道路向かいにある陽明園を指さしながら、

「あそこに見える陽明園の中を歩いたら、ちょっとだけ近道だから、ここでわたろう」

3人は、急いで道をわたり、その中に入っていった。右側には、陽明学の祖、王陽明の像がある。小さな石橋をわたると、右側に藤樹神社、左側に藤樹記念館が見えてきた。

その時、まりちゃんが提案した。

「ねぇ、たっちゃん。藤樹先生クイズしながら行くのはどう？」

「それはおもしろそうね。ママも参加していいかな」

「じゃ、始めるね。まずわたしが質問するよ。藤樹先生のお誕生日はいつですか」

「ママが答えていい？　3月7日。生まれたのは、たしか江戸時代のはじめごろ」

「慶長13年、西暦でいうと1608年。今年が2023年やから、今から415年前！」

「たっちゃん、すごいね。わたしが何年だったかなぁ？　って考えている間に、すらすら言えるなんて……」

「ぼくの誕生日は8月16日。この中に藤樹先生の生まれた年の数字が入ってるから、お話聞いた時にすっとおぼえられた」と、ちょっと得意気に言った。

「次はぼくが質問するよ。立志祭って何ですか」

「藤樹先生が志をたてたのは、わたしたちと同じ9歳の時です。それで、高島の子どもたちは、9歳になる3年生の時に志をたてて立志祭をしています」

「学校で発表してるみたいやな」

「立志祭の時、わたしがはじめの言葉を言う役で、その時に言った言葉やからね。『志を発表します』、『藤樹先生の教えを発表します』、『藤樹かるたをはじめます』っていう子もいたよ」

「へぇ、まりちゃんの学校の立志祭は、そんなんやったんや」

「うん、3年生10人みんなで役わりを分たんして、進行したよ。たっちゃんは？」

「ぼくらは、安曇川公民館に3つの小学校が集まって、立志祭したよ。司会（しかい）は先生がしてた。全部で80人くらいかなぁ。ぼくらは8人やったから、たくさんの3年生がいてびっくりしたし、きんちょうしたわ」

「ふ～ん、学校によって、立志祭のやり方はいろいろなのね。ところで、たっちゃんは、どんな志をたてたの？」って、まりちゃんママに聞かれた。

「じゃ、立志祭風に言います。ぼくの志は、水泳のせん手になることです。そのために、いっしょうけんめい練習して大会に出たいです。そしておとなになったら、泳ぐのが苦手な子どもに、泳ぐことが楽しくなるように、やさしく教える水泳の先生になりたいです」

と、元気よく言った。

「まりも言うね。わたしの志はパティシエになることです。その理由は、ケーキを作るのが大すきだからです。そして、お菓子を食べてる時は、幸せな気持ちになって、笑顔（えがお）になれるからです。そのためには、これからも心をこめてたくさん作りたいです。お店をするには、計算ができないといけないので、算数の勉強もがんばります」

まりちゃんママが、はく手をしながら、にこにこ顔で言った。

「二人ともすてきな志やね。ママが9歳の時は、友だちと楽しく遊ぶことしか考えてなかったわ」

クイズごっこをしている間に、藤樹先生のお墓のある玉林寺をすぎて、良知館に着いた。女の人がにこやかにあいさつしてくれた。

「こんにちは。ようこそ良知館へいらっしゃいました」

良知館は、藤樹書院の南どなりにある建物で、藤樹書院をおとずれた方の案内所で休けいもできるところだ。藤樹先生に関する本や資料を展示していて、販売もしている。中に入ると、正面に、大きな藤樹先生の肖像画がかざってあった。

「おしゃべりしながら歩いてきたので、いすにすわらせていただきますね」

「どうぞどうぞ、ゆっくりおすごしください。書院にはご案内させていただきますので、お声かけくださいね」

良知館の人がやさしく言葉を返してくれた。

「クイズの続きを始めます。藤樹先生の教えに『致良知』があります。『良知に致る』と読みます。さて、どういう意味でしょう」とまりちゃんが言った。

「『良知』というのは、だれもが生まれながらに持っている美しい心のことをいいます。人は、生きているうちにいろんな欲が出てきて、美しい心がくもってきます。だから心を鏡のようにみがいて、毎日努力することが大切です。という教えです」

　それを聞いていた良知館の人がはく手しながら、ほめてくれた。

「良知館のガイドさんみたいに、わかりやすく説明できたね」

　ぼくは、少してれくさかったけど、うれしかった。その時、まりちゃんママが、ためいきまじりの声をあげた。

「美しい心がくもらないように、心をみがく！　言葉では分かるけど、なかなかむずかしいことね。どうしたらいいのかしら……」

「ママ、立志祭の時に、みっちゃんたちが、紙を持って発表してたでしょ」

「う～ん、たしか五つの漢字だったわね」

「それはね、『五事を正す』。つまり『貌、言、視、聴、思』の五つのことを実行することよ。もう少しわかりやすくいうとね、『貌』はなごやかな顔つき。『言』は思いやりのある言葉かけ。『視』はすんだ目でものごとを見つめること。『聴』は耳をかたむけて人の話を聞くこと。『思』は真心をこめて相手のことを思うことだよ。ママ、思い出した？」

立志祭
ぼう げん し ちょう し
貌言視聴思

「そうそう、その言葉。姿勢を正して大きな声で、お友だちが発表するのを聞きながら、地球に住むみんながそんな風に日々すごしていたら、争いやいじめ、毎日ニュースで流れている心がいたむ悲しい事件など、なくなるのに……って思ってたの」

「知ってるだけではだめで、実行しないといけないということだね。それが『知行合一』ってことだよね」と、ぼくは続けて言った。

「たとえば、ごみを拾うときれいになることはだれでも知ってるけど、ごみがあっても拾わなければ、知っているとは言えない。自分から進んでごみを拾うことができてこそ、初めてほんとうに知っている！　ってことだよ」

「そうすれば、町はきれいだし、びわ湖もきれいになるね。ごみを拾うことも大事だけど、ごみを落とさないようにすることも大事だよね」

「ほんとにそうね」とまりちゃんママが大きくうなずいた。

「藤樹書院を見学したいのですが……」

声をかけると、おくから案内役の男の人が出てきてくれた。

「こんにちは。さあ、こちらへどうぞ」

良知館を出て、となりにある書院に着くと、

「くつをぬいでお部屋へお上がりください。ここは、初めてですか」

「いいえ、わたしは学校外学習で来たけど、ママは初めてです」

まりちゃんママが説明を聞いてる間に、ぼくはまりちゃんに言った。

「立志祭の時、ぼくたちの『志』は、この藤樹先生の前におおさめしたんやで。『二十歳(はたち)を祝(いわ)う会』の時に返してくれるんやって。その時、ぼくは『志』実現(じつげん)できてるかなぁ」

「実現できるよう、いっしょにがんばろうね」とまりちゃんがにっこり笑(わら)った。

「お庭をご案内しましょう」と声がしたので、くつをはいて、きれいにはき清(きよ)められたお庭に出た。おじさんがお庭にある藤の木の前で足をとめ、説明してくれた。

藤樹先生は大きな藤の木のある家で生まれたこと。27歳の時に、孝(こう)をつくすために大洲(おおず)から生まれた安曇川の小川村へ帰ってきたこと。ここでも勉強にはげみ、人として生きるために大切なことを、弟子(でし)や村人たちにわかりやすい言葉で教え、自分も実践(じっせん)されていたこと。だれいうとなく親しみをこめて「藤樹先生」と呼ばれるようになったことなど、何度聞いても、せすじがピンとのびる気がする。

「ありがとうございました」とお礼を言って、藤樹書院を出た。

「きょうは、ママもいい勉強になったわ。『孝をつくす』ためにって言ってたけど、ふるさとに一人のこされたおかあさんに親孝行するためにってことかしら?」

「『孝行』っていうのは、おとうさんやおかあさんを大切にすることはもちろんだけど、それだけではないんだって。兄弟や友だち、そしてまわりの人となかよく助け合うこと。けんこうで元気に勉強や運動にはげむこと。藤樹記念館の先生からお話を聞きました」

「たっちゃん、しっかり先生のお話を聞いていたんだね」

まりちゃんママに言われて、くすぐったい気持ちになったけど、うれしかった。

「ぼく、立志祭でみんなの志を聞いてて、発見したことがある。それはね、大きくなってやりたいことは一人ひとりちがうけど、自分のしたことでよろこんでもらえる人になりたいなとか、やさしい人になりたいなっていう気持ちは、みんないっしょなんやということがわかった」

「『貌、言、視、聴、思』実行あるのみ！　そうだ、たっちゃんちで、みんなで『藤樹かるた』しようよ。ほら『そばやの看板』のお話は、『そばやの看板　練習した字は　箱一杯』って札になってるでしょ。楽しく藤樹先生のことを知ることができるよ」

「大さんせい。早く家に帰って、かるた大会しよう。道の駅までよーいドン！」

３人はいっせいにかけ出した。

びん細工(ざいく)手まり

文と絵
松本由美子(まつもとゆみこ)

4年生の冬休みがもうすぐ終わる。きのうまでふっていた雪はやんだが、風はまだまだ冷(つめ)たい。

ナナは図書館へ本を返して、同じ敷(しき)地内にある「愛知川(えちがわ)びんてまりの館(やかた)」に来た。館に入ると、つくえの前にすわっている青木ひろさんの人形がむかえてくれた。

ひろさんは、愛知川びん細工手まりの元を作った人だ。

部屋のガラスケースの中には、フラスコのような丸いびんの中に、赤やピンク、緑や黄色の糸で、きくの花や幾何学(きかがく)もようがししゅうされた手まりが入っている。

「きれい！」

びんの中の手まりはライトにてらされて、いっそうかがやいて見える。

これが愛知川びん細工手まり。滋賀県の伝統的工芸品だ。

（どうやって手まりをびんの中に入れるんやろう？　不思議やな）

「時々、見に来てくれているのね」

愛知川びんてまりの館の小林さんが声をかけてくれた。ナナはうなずくと思いきって聞いてみた。

「びん細工手まりは、昔から作られていたんですか？」

「いつごろから作られていたか分からないのよ。愛荘町には、江戸時代の終わりごろに作られたびん細工手まりが二つのこっていてね。これよ」

小林さんが指さした写真のパネルを見ると、くすんだ赤と白っぽい糸でししゅうされたびん細工手まりだった。

「近江商人のお家から愛知川にお嫁入りする時に、びん細工手まりを持って来られたの。むすめに幸せになってほしいと願ってね。あなたが見ていたこちらのびん細工手まりは、保存会の人たちが作られたものよ。リリアンという糸を使ってししゅうしてあるので、つやがあってきれいよね」

「はい。わたしのおばあちゃんも保存会に入っているんです」

「そう」

ナナは、くすんだピンクと緑色のししゅうのびん細工手まりの前に立った。

この手まりを見ていると、なぜだかナナはほっとする。

「ひろさんのびん細工手まりね」

と、小川さんが言った。

「ひろさんって、どんな女の人だったんですか？」

「ひろさんは明治20年生まれの方でね。10代のころ、お寺でお裁縫を習っておられたの。手先が器用で根気のあるむすめさんだったんでしょうね。お裁縫の先生がひろさんにこっそり、びん細工手まりの作り方を教えてくれはったの」

「こっそり？」

ナナは、「こっそり」というのがおかしくて、くすっとした。

「明治になると、びんの大量生産ができるようになって町の人も手に入れやすくなったのね。それまで、びんは貴重で手に入りにくかったそうなの」

「そうなんだ」

「昭和48年（1973年）だから、今からちょうど50年前ね。愛荘町でただ一人、びん細工手まりを作っておられたひろさんが、85歳で亡くなられたの。ひろさんは、だれかにびん細工手まりの作り方を伝えたいと思っておられたけれど、それができなかったのね。そこで愛荘町の人たちは縁起のよい、美しくて不思議なびん細工手まりを、どうしてものこしたいと考えてね。ひろさんが作っておられたものを再現したのよ」

「ひろさんが亡くなった後に？」

「そう。残念なことにね。ところが、ひろさんのびん細工手まり作りを、そばで見ていたご主人がおぼえておられてね。作り方を教えていただいたの」

「おぼえてはって、良かったですね」

「そうなの。そうして、次の年に保存会ができたのよ。保存会の人たちは、ひろさんの作り方を元に、いろいろ工夫してきたの。後に、ビニールぶくろを使うようになって、今のびん細工手まりの作り方にたどりついたんですよ」

「ひろさんの願いがかなったんですね」

「そうね。ひろさんがこのんで作っておられたのがこれ。手まりの中央に弓矢の矢羽根のもようが入っているでしょう？　ひろさんが作られていたびん細工手まりのことを『愛知川手まり』と呼んでいるのよ」

「ほんと！　弓矢の羽根だ！」

ナナは小林さんにお礼を言うと、びんてまりの館を出た。

冷たい風に、思わず手ぶくろをはめた手でほっぺたをおさえた。

ナナが通う小学校では、もうすぐ「手まりのワークショップ」がある。ナナは自分が手まりを作るなんて思いもしなかった。だから、おばあちゃんが今、びん細工手まりを作っているので、これから見せてもらいに行く。

「おばあちゃーん」

「寒かったやろ？　こっちへ上がっておいでぇ」

部屋に入るとこたつの上に丸いびんと、布テープのしんの上には、手まりがちょこんと乗っている。

「びん細工手まり、見てきたんだよ」

「そうかぁ。今、ししゅうが終わったとこや」

おばあちゃんはピンクの糸を、パチンとハサミで切った。

手まりは、８まいの花びらのしんがやまぶき色の糸。花びらはうすいピンクから、だんだんとこいピンク。そして赤の糸でししゅうされていて、花びらのふちどりは青色の糸だ。

手まりの土台が黒色なので、花がうき上がって見えてすごくきれいだ。

おばあちゃんが曲がった背中を、うーんとのばした。

「ね、持ってみてもいい？」

「いいよぉ」

「わぁ、かたい」

ナナは、手まりをほっぺたにくっつけてみた。

「すべすべして、気持ちいい」

「ナナちゃん。かしてごらん」

ナナが手まりをわたそうとした時だ。

（おばあちゃんの手、シワシワ）

ナナは、初めて見た気がした。思わずその手にそっとふれると、おばあちゃんもナナの手を両手でやさしくつつんでくれた。

「おばあちゃんの手、あったかい。いっぱいはたらいてきた手やね」

おばあちゃんはにこっとした。

「ひろさんの手も、おばあちゃんの手みたいやったんかな？」

「あぁ。子どもを育てて、家のことも畑仕事もいっぱいしてきた手や」

「おばあちゃんの手、大すき」

「ありがとうね。ナナちゃん、これ見てみ。ヘソ、いうんや」

「ええ、ヘソ？」

思わず、ナナは目を見はった。

ヘソは、子どものつめくらいの白い布で、小さな出っぱりだ。

おばあちゃんは手まりをひざの上に乗せると、やまぶき色の帯のそばにのぞいているヘソをほじって、白いひもを引っぱった。

ひもははじめ、ちょっと引っかかったが、そのうちスルスル出始めた。

「ほうたいみたいやね。こんなひもが入ってたんや」

「やってみるか?」

「うん、やる」

ナナも手まりをひざに乗せてひもを引っぱると、出てくる出てくる。

「これは、さらしの布を切ってつないだものや。40メートルほど入ってるかなぁ? ひろさんが作りやすいようにと、あみ出さはった作り方なんやで。竹の筒(つつ)の中にひもを通して、もう一方の筒の先にひもをまきつけて、手まりの土台を作ったんや」

最後(さいご)まで引っぱり出したら、ひもは小さな山になった。

手まりは、紙風船がへこんだようにぺっちゃんこになった。

おばあちゃんは、その手まりをビニールのふくろに入れ小さくたたむと、びんの口からギューと中へ入れた。

次に、長いおはしを使ってびんの中から、ビニールだけを取り出したのだった。

「えぇ、こうやってびんに入れるんかぁ」

ナナは大きく息をすって、はいた。

「ナナちゃんのナゾがとけてしもたか？」

「うん。ナナ、スッキリ」

「ここからわたを入れるんや」

おばあちゃんは、そばに用意してあった手芸(しゅげい)用のわたを短くちぎり、手まりの口の中に入れ、おはしでグッとおした。

何度も入れていくと、しぼんでいた手まりがだんだんふくらんできた。

「手まりが、ごはんを食べてるみたいやね」

「はっはぁ。うまいことをいうなぁ」

「ナナもやりたい」

おばあちゃんがしたようにわたを入れて、おはしでグッとおし入れた。

「あんまり強うおすと、びんがわれるよぉ」

ナナは、コクンとうなずくと、もくもくとわたを入れいく。

「あぁ、もう入らへん」

「まだまだや。かしてみ」

おばあちゃんの手が器用に動いて、グングンわたをつめていく。

ナナはじっとその手を見ていた。びんの中の手まりが、パンパンになった。

「わぁ、むっちゃ光ってる。びんの中に入ったら何10倍もきれいやな」

「そうやろう」

ナナは、びんの外から指さして言った。

「おばあちゃん、このヘソ。糸とはりでどうやってふさぐん？」

「ナナちゃんは、よう見てるな。でもな、これはヘソやなくて穴(あな)や。白いのは、わたやで。これ『目打(めう)ち』っていうんやけどな。服のぬい目の糸をほどく時に使う裁縫道具や。これを使って、こうして……」

おばあちゃんは目打ちをえんぴつのように持って、とがった先でびんの中の手まりをくるくる回しながら、よじれたししゅうの糸をていねいによせていった。

すると、穴はすっかりふさがってしまった。

最後に、赤色の布をびんの口にかぶせると、かざりひもでキュッとむすんだ。

「ほうれ、できた」

と言って、おばあちゃんがびん細工手まりをかざして、ぐるりと回して見せてくれた。

「きれい！」

「ひ孫のカヤちゃんが生まれたお祝いや。カヤちゃんが元気な子どもに育つように、一はり、一はり、心をこめてししゅうをしたんや。びん細工手まりはな、家族円満でありますように。幸せなりますようにと願って作られてきたんやで。それに、中がよう見えるやろう？　友だちとなかよくなれるようにと願ってねぇ……」

「ナナが生まれた時も、おばあちゃん、ひまわりの花のびん細工手まり作ってくれたよね。今も大事にしてるよ」

ナナはそう言うと、できたてのびん細工手まりを持って下からも横からも、そして、ぐるっと回してながめた。

「おばあちゃん。3学期になったら、『手まりのワークショップ』があるやろう？　その時、学校に来てくれるん？」

「ああ、行くよう」

「うれしい。楽しみやな」

「かわいいの、できるといいなぁ」

ナナはうなずくと、こたつの上にほおづえをついておばあちゃんを見つめた。

おばあちゃんもにっこり笑った。

トレーニングセンターってどんなところ？

文　原田義子
絵　美濃部幸代

明音はこの春から4年生です。今日もお父さんが、テレビの「競馬中継」を見ています。走っている馬を見ながら明音は、数日前の競走馬の物語の番組を思い出していました。

ある春の日、北海道のぼくじょうで、1頭の馬の赤ちゃんが生まれました。その馬小屋ではいっせいに、はくしゅとばんざいの声がひびきました。

お母さんは茶色ですが、赤ちゃんは黒いです。するとお父さんも黒色かな？

生まれ出るまでぼくじょうの人たちは、長い間心配そうに、じっと見守っていました。

子馬が無事に生まれるように、獣医さんとぼくじょうの人は、汗びっしょりでお母さん馬のお産の手助けをしています。生まれた子馬は、1〜2時間後にはひょろひょろと立ち上がって首をのばし、お母さんのおっぱいをごくごくとおいしそうに飲み始めました。お母さんはやさしいまなざしで、赤ちゃんの体をペロペロとなめています。

人の赤ちゃんは、歩けるようになるのに1年ほどかかりますが、馬や牛などの草食動物は、いつ肉食動物におそわれるかわからないので、いつでもにげられるように、生まれてからしばらくして立ち上がって歩くのです。馬は春に生まれるので、きびしい暑さや寒さにあわずにすみ、すくすく育ちます。

この子のお父さんとお母さんは、とても強い競走馬でした。この子もきっと強くなってレースに出るのでしょう。でも、それまでには、たいへんな道のりがあります。みんながみんな、レースに出られるわけではないのです。

えらばれた馬だけが、日本中央競馬会のトレーニングセンターに行くことができます。

トレーニングセンターは、関東の茨城県美浦村の「美浦トレーニングセンター」と、関西の滋賀県栗東市の「栗東トレーニングセンター」の2か所しかありません。それぞれ約2000頭の馬がそこでトレーニングを受けています。そして競走馬になって、全国に10か所ある競馬場でのレースに出ることができるのです。

「お父さん。私ね、トレーニングセンターと馬のことを調べてみようと思うんだけど」
テレビでレースが終わったので、明音はお父さんに聞きました。

「栗東トレセンのことか？」

「うん。トレセンはどうして栗東に出来たの？」

「栗東の金勝地区は、自然にかこまれていて低い山や丘がつらなって、住宅が少ないから開発にはちょうどよい場所だったんだ。何より名神高速道路のインターチェンジが近くにあったからだよ。栗東は、人にも馬にもいろんな生き物にもつごうがよかったんだ」

「何で高速道路の近くだといいの？」

「北海道から九州まで、全国に競馬場があるからだよ。試合の時に馬を競馬場までつれて行くから、高速道路を使うと移動が便利なわけだな」

「そうか、高速道路は人だけの物とちがうものね。いろんなトラックや馬を乗せた車も、走ってるのを見たことがあるわ！」

「国の一大プロジェクトで、工事は１９６０年から始めて１９６９年に完成したんだって。とにかく今まで木や草がいっぱい生えていたり、川が流れていたり、いろんな生き物がいた所をガラッとかえることになったわけだな」

「そこに住んでいた生き物はどうなっちゃったの？」

「生き物の多くは、市役所の人たちが見つけ出して、近くの山や川へ無事に引っこしをしたそうだ」

「そうなんや。あー良かった」

「だから、栗東のトレセンは、ゆたかな自然の中で馬を育てているんだよ。トレセンについて、図書館に調べに行ってみよう。それからもっとくわしいことを、おばあさんの知り合いの方に教えてもらおう」

「やったー！　図書館大すきやわ」


その日の夕方、明音は両親といっしょに栗東図書館本館に行きました。

「私、まず金勝という地区について調べてみるわ」

「ああ、いいわね」

お母さんの笑顔（えがお）に見送られて、明音は地域（ちいき）の本棚（ほんだな）へ本をさがしに行きました。

「金勝って古い町なんだね。有名なお寺や神社があって、山のおくの大岩には大きな仏（ほとけ）さまを彫（ほ）ったすごい石仏（せきぶつ）もあるみたい。それから金勝味噌（みそ）が特産品（とくさんひん）ってある。森林にかこまれてそこから流れる川もきれいでとても自然にめぐまれている地区なんだって」

さっそく明音は調べたことを、自主学習ノートに書くと、横で見ていたお母さんが教えてくれました。

「滋賀の4年生の森林学習『やまのこ』も、金勝にある『森の未来館』でやっているのよね。明音も今年、行くのよ。4年生が『やまのこ』でゆたかな自然の美しい山を学んで、5年生になって、その山とつながっているびわ湖を『うみのこ』に乗って学ぶの」

「そうなんだ。そんなに良い場所にトレセンがあるって、馬にもよいことやね」

それから数日後の夕方、明音と両親はよし子おばあさんに、トレセンのことにくわしい友だちの古都さんをしょうかいしてもらいました。とてもやさしそうな方で、前にトレセンの中にある会社ではたらいていたので、トレセンについて図書館では調べられないことにもくわしいそうです。

「最初に言っておくわね。みんなが思っているトレセンと、本当の意味のトレセンとはちがうのよ」

「えっ？　何がちがうの？」

「みんなあの山全体とか、そのほかの建物全てをトレセンと思ってるのよね。でも本当は、練習コースと馬の住み家だけをトレセンといってね、きょかしょうを持っている人しか入

日本中央競馬会
栗東トレーニングセンター

れないの」

「えー！」

お父さんとよし子おばあさんは、目を丸くして見つめあい、「知らんかったわ」と口をそろえて言いました。

「馬の訓練以外にもたくさんの仕事があって、いつでも安全に練習が出来るように、細かく決められているのよ」

「たとえばどんな？」

明音がきょうみしんしんでたずねました。

「馬が走るしばふのコースではね。専用の砂を入れたり、しばふたたきといって走った時にほり返された所を平らにしたりとかするの」

「いろいろと手入れをされているんですね」

「また、馬ふん拾いといってコースに落とした馬のふんをきれいに拾い、肥料にするなどの仕事もあるのよ」

「へぇ！　おもしろーい」

「ところで、『ていてつ』って知ってる？」

「えーっと、馬の足のうらにはまっているくつみたいな物ですか？」

「そうよ！　明音ちゃん、よく知ってるのね。馬は練習で走った後は必ず『ていてつ』をなおすのよ。これは馬一頭ずつちがうので、それぞれ足に合ったのを作っているの」

「知らんかった」

お父さんとよし子おばあさんの声が、また重なりました。

「馬はきびしい訓練ばかりではないのよ。馬のお世話をする人といっしょにお散歩もするの。馬が一番うれしそうなのは、練習のあと自然の森をゆっくりと息をととのえ、小鳥のさえずりを聞きながら、歩いて帰る時なんですって。その様子は、栗東八景の一つ『払暁の駒音』として、取り上げられているのよ。馬も人も、とてもおだやかな姿をした写真が、栗東駅に飾られているの。一度、見てね」

「よし。じゃあ、帰りに駅へよろうか」とお父さんが言いました。

「私が仕事を終えて帰る時にもね、馬小屋の前を通ると、どの馬も長いしっぽをふりふり、かまってほしいのか、あまえた声で語りかけてくるのよ。本当に馬は人の動きをよく見ていて、かしこくかわいいものですよ」

「たしかに馬はかしこいな。お父さんは、20年ほど前によし子おばあさんといっしょに、県内の乗馬クラブへ通っていたんだ。２週間に１度しか行かなかったのに、ちゃんと顔をおぼえてくれていたよ」

「へぇ。お父さん、そやから馬が好きで、いつも競馬のテレビ見てるんやね」

「ああ、そうなんだ。鞍にまたがってお腹をポンとやさしくけるとゆっくり歩き出して、少し強くけると速足で歩くんだよ。もっと強くけると、ギャロップという走り方をするよ。たづなは左に引くと左に曲がり、右に引くと右に曲がるんだ。止まるときは両ひざで馬の体を強くしめつけて、たづなを自分のほうに強く引くんだ」

　お父さんがいつもよりいきいきと話をするので、明音はちょっとおどろきました。

「ここまでは言葉は使わないんだけど、良く出来たときに首の横を手の平で『よーし、よーし、よくやった、よくやった』と軽くポンポンとたたくと、とても満足そうにするんだよ」

　古都さんは「本当にそうですね、分かります」とうなずきました。

「時々おやつにニンジンや角砂糖を持って行くと、こちらの気持ちが分かるのか、うれしそうに長いしっぽをふってくれたよ。なんだか目も細めて笑っていたようだったな。犬も好きだけど、またちょっとちがう、本当にかしこくてかわいい動物なんだ」

　お父さんが、家で犬の世話をいつもよろこんでしている姿を、明音は思いうかべました。

「そういえば、私も子馬に乗ったことあったよね。1年生の時に家族で遊びに行った競馬場でだったかな」

「そうそう！　でも、小さいけど子馬じゃないんだ。ポニーといって、競走馬とは種類がちがうんだよ」

「え？　種類？」

「そう、大きく分けて軽種、中間種、重種、ポニー種、日本在来種があるんだ」

明音はこの前図書館で調べてノートに書いた事を思い出した。

「競走馬のサラブレッド、西部劇に使われるクオーターホース、馬車を引くクライズデールとかに分かれるんだよ。日本には日本馬とよばれるどさん子、きそ馬、みやこ馬などもいるよ。明音が乗ったポニーは乗り物用と仕事用につくられたんだ。みんなそれぞれ特ちょうにあった、はたらき方をしているんだよ」

「馬が仕事をするの？」

「弥生時代に大陸から入ってきて、それからずっと馬は人のそばで、はたらいてきたんだ。よし子おばあさんは子どものころ、重い荷物を運んでいる馬車を子どもたちが後ろからみんなでおして、農家のおじさんを助けたんだって」

「へ？　よし子おばあさんの近くにははたらく馬がいたの？」

　不思議そうにする明音の顔を見て、今までだまっていたおばあさんが、ゆっくりと話し始めました。

「家の近くが坂道になってたんえ。そこへ馬車が来ると、農家のおじさんが馬のおしりをムチでたたかはるのんや。それがかわいそうで、そのへんで遊んでいる子どもたちがみんな集まってきて、『せーの！』って声と力を合わせて、馬車を後ろからおしてたんえ」

「へぇ。馬と人はいつもいっしょに生きてきたんやね。時代がかわっても馬はいつも身近にいたんや。だからトレセンは馬と関わる最前線といえるんやね」

明音は満足そうに大きく手をふって、古都さんとお別れしました。いつも家ではだらっと競馬のテレビを見ていたお父さんのことも、少し見直しました。自主学習ノートにも書ける、たくさんのことを知りました。

帰り道に栗東駅に立ちより、栗東八景の写真を見に行きました。そこには大きく、ようこそ緑と文化のまち栗東市へと書かれて3枚の写真がありました。1枚目は「馬のまち」、2枚目は「金勝山のまち」、3枚目は「歴史街道のまち」。それぞれの写真の下に説明文がありました。

「あ！　これやな！」

明音が1枚目の写真を指をさして叫びました。そこには朝もやの中を歩く数頭の馬が写っていました。早朝3時からの練習を終えて、森林浴（しんりんよく）をしながらきれいな空気をたっぷりと吸いこんで、自分の家へ帰っていく様子です。鼻や口から白い息をはき、馬も乗っている人もゆったり満足そうに歩いています。

「私も今度はトレセンにいるような馬に乗りたいなあ」

北海道で生まれたあの黒い子馬もりっぱに育ち、2年後くらいには栗東のトレセンの中にいることでしょう。

びわこ　チキンこ　クリームこ

文と絵　岸　栄吾

今日は夏休みの最初の日。小学6年生のあやは、リビングのテーブルでえんぴつをにぎったまま、手が止まっていました。

（何を書こうかなあ）

あやは、夏休みの宿題の『お手紙を書こう』に取り組んでいます。

（だれに出しても、何を書いてもいいって、どうしたらいいか、わかんないよ）

そこに弟のたかがやって来ました。小学3年生のたかは、あやが持っているえんぴつをひょい、と取り上げました。

「今日は琵琶湖博物館でビワコオオナマズの自由研究だ。いいだろ、へっへっへっへ」

「やめてよ！　もう、たかもナマズも大きらい！」

その日の午後、あやとたかと両親は琵琶湖博物館にいました。ゾウの化石や、ミミズの大きなもけいもあります。一人で歩いていたあやの足が、あるパネルの前で止まりました。

（弁天様？　琵琶？　楽器？）

それは、びわこの名前の由来を説明するパネルでした。

（鎌倉時代に、みずうみの形が楽器のびわににている、と書いた人がいるのかあ。あと、室町時代に琵琶湖と書いたものがあるんだ。ふーん）

あやは、近くにいた学芸員さんに声をかけました。名札には、田中、とあります。

「あのう、ここに書いている楽器のびわって、どんな形ですか？」

「少し待っていてね」

田中さんはニコッと笑うと、どこかへ行きました。少ししてもどってきた田中さんは、持っていた本を開きました。そこには、昔の絵の写真がありました。

「これは竹生島のお寺にある絵です。これが弁天様で、持っている楽器が、びわです」

（これがびわ？　丸いギターって感じかあ。でも、びわこの形とはぜんぜんちがうやん）

あやは田中さんに聞きました。

「みずうみの形がびわににている、って書いた人はだれですか」

田中さんは、持っていた本のページをめくりました。

「ええっと、この本には、鎌倉時代の光宗という、比叡山延暦寺のお坊さんが書いた、とあります。ずいぶん昔の人ですね」

「ふーん、そうなんだ」

何かを考えているあやを見て、田中さんがパンフレットをさし出しました。

「わからないことがあったら、この博物館の住所に、質問のお手紙をくださいね」

「ありがとうございました……あ、そうだ！」

あやはさっと頭を下げると、すぐに歩き出しました。

（さっき、ゆかにびわこの大きな写真があったわ）

あやは広いスペースに来ました。そこに、ゆかにはいつくばっているたかがいました。

「あった、ここ！」

たかは、びわことそのまわりの大きな写真の上で、自分の家をさがしていたのです。あやはたかのおしりをポン、とたたきました。

「たか、こっち見て」

あやがゆかの写真を指さしました。

「このみずうみの形、何に見える？」

たかは立ち上がると、写真を見下ろしました。

「うーんと、フライドチキン！」

「ちょっと、それ、いま食べたいものを言っただけじゃないの？」

「ちがうよ、本当にそう見えたんだもん。こっちを持って、あっちをがぶって食べるんだ。

ああ、ほんとに食べたくなってきた」

「なに言ってるの。もう、こっちはまじめなのに」

「何でそんなことを聞くの？」

「びわに見えるかなあ、って思って」

「びわ？　くだもの？」

「でしょ、あやと同じ！」

（やっぱり、楽器の琵琶ににてるって、ならないよね。あと、そんな大昔に、こんなおっきなものの形が分かるかなあ）


1週間後。あやの家族は、彦根港から船に乗っていました。実は、琵琶湖博物館から帰った後、あやが両親に、

「りょうしさんなら、船であちこち行くから、なんとなくみずうみの形が分かったかも」と話をすると、船に乗ってみよう、せっかくだから、竹生島に行こう、となったのです。竹生島はびわこの北にある島で、奈良時代にはすでに神が住む島として知られていました。

この日はよい天気で、太陽の光が水面にはんしゃしてキラキラとかがやいています。遠くの山々もよく見えます。あやはデッキでみずうみのすずしい風を感じながら思いました。

（みずうみに広いところとせまいところがあるのは分かりそうだけど、だからといって、その形がびわににている、とは思わないような気がするなあ）

あやたちは竹生島につきました。長い階段を上がると、りっぱなお寺がありました。そこで、あやは弁天様の像を見ました。楽器のびわもあります。あやはその像の前で手を合わせた後、お寺の説明かんばんを見ました。

「ここの弁天様は、日本三大弁財天の中で一番古いのかあ」

（昔の人は、みんなびわの形を知っていたのかなあ。ここまで来たら、見られるけど）

あやとたかは、木でできたろうかを歩いて、みずうみが広く遠くまで見わたせる場所にやって来ました。空がみずうみにうつり、青くかがやいています。ろうかにおかれたつくえの上に、小さなお皿があります。説明書きによると、これは『かわらけ』といって、下にあるとりいに向けて投げて、とりいをくぐらせたら、願いがかなう、とあります。

「よし、投げるぞ」

たかがかわらけを2まい投げましたが、くぐらせることはできませんでした。たかはがっかりしてうつむいています。あやはたかの頭をポン、とたたきました。

「ほら、元気出して、前を向いて」

そう言うと、あやは青くかがやくみずうみを指しました。

「このみずうみの形、何に見える?」

「えー、またその質問?」

たかは顔を上げると、にやっと笑いました。

「う〜ん、カツカレー!」

「ちょっとちょっと、それ、また食べたいものじゃない?」

あやの声があたりにひびきました。

「だって、お腹すいてるんだもん。じゃあ、お父さんは何に見える?」

たかがお父さんを見ました。

「おれはビール! のどがかわいた」

あやの声がもっと大きくなりました。

「もう、まじめに聞いてるのに！　じゃあ、お母さんは？」

「わたしはチョコケーキ！　ちょっとつかれたし、あまいものが食べたいわ。じゃあ、あやは？」

みんながあやを見ました。

あやの声が急に小さくなりました。

「えっとえっと」

「あやは、ソ、ソフトクリーム。だって、暑いんだもん」

「あははは」

あやもみんなといっしょに大笑いしました。

帰りの船の中で、あやの目がきらり、と光りました。

（そうだ、もっと高い所からみずうみを見たら、びわの形に見えるかも。じゃあ次は、山に行こう！）


その1週間後。あやは家族と大津市（おおつし）にある比叡山延暦寺に来ていました。ここは奈良時代に最澄（さいちょう）が建てたお寺が起源（きげん）で、昔の大きな建物（たてもの）がたくさんあります。あやはみずうみがよく見えるような所をいっしょうけんめいさがしましたが、そんな所はありません。まわりに木が生いしげっていて、どこにいても遠くまでよく見えないのです。

比叡山を下山するケーブルカーのまどから、あやは林の間を見えかくれするみずうみをぼんやりとながめていました。

(お坊さんなら、びわは知っていたかもね。でも、みずうみの形をちゃんと見たかなあ)

あやが乗っているケーブルカーが、登りのケーブルカーとすれちがいました。その時、あやの目がぱっと開きました。

(そうだ、手紙を書こう!)

＊　＊　＊

あやは家に帰ると、すぐにリビングのテーブルでびんせんに書き始めました。

『質問があります。

みずうみの形がびわににている、と書かれた理由は何ですか。

今はドローンとかグーグルアースとかもあって、だれでもみずうみの形をすぐに見ることができます。そんな簡単(かんたん)に見られるものがない鎌倉時代に、みずうみがどんな形か、だれも分からないと思います。分からないのにびわににている、と書かれた理由がかならず

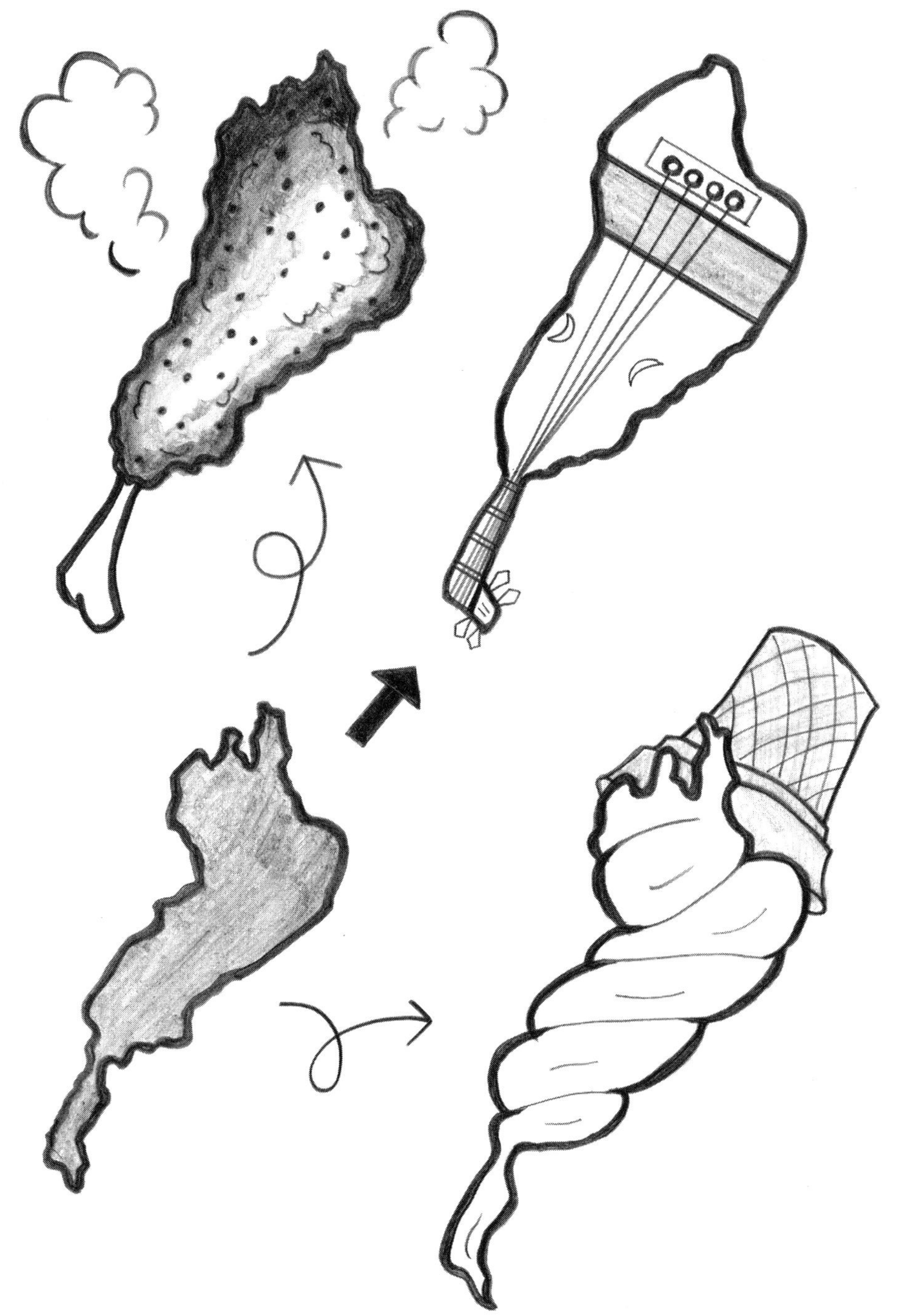

あるはずです。ちなみに、わたしはみずうみを見てもびわには見えません。とても暑い日には、大すきなソフトクリームに見えましたよ。

たとえば、日本の形が弁天様の形ににている、と思って、

『日本の真ん中にあるこのみずうみが、弁天様が持ったびわに見える、だからこのみずうみの形はびわににていると言われるんだ』

と説明されるなら、その考えもアリだと思います。でも、そんな大昔に、日本の形が分かっているなんて、ないですよね。だから、やっぱりわたしは、みずうみの形をよく分かっていないで、びわににていると書かれたと思います。

わたしはこう考えます。

もともとこのみずうみは、弁天様がいるみずうみ、という意味で、『弁天様のみずうみ』と呼ばれていたのではないか、と。その後、『弁天様がいるみずうみ』を、『弁天様の形のみずうみ』とかんちがいして、『みずうみの形は弁天様の形じゃ、ないよねえ。まだびわの形の方が近いかなあ』、ってことになって、みずうみの形をしっかり見ずに、『びわににている』と書かれたんじゃないですか。

でもわたしは、びわににていると書いてくれて、よかったと思います。形がにているかにてないかは、どうでもいいです。なぜかと言うと、楽器の名前で呼ばれるみずうみなん

て、とってもとってもすてきだからです。もしもわたしが『ソフトクリームの形ににているよ』って言っていたら、このみずうみの名前は『クリームこ』になっていたかもしれませんね。そんなことになったら、こんなきれいな風景や、歴史や文化がだいなしでした。今、みんながこのみずうみをびわこと呼んでいるのは、あなたのおかげです。『びわににている』と書いてくれて、ありがとうございます。

この手紙といっしょに、みずうみの絵を送りますので、その形が何に見えるか、お返事くださいね。

比叡山延暦寺

光宗さんへ

びわの形に見える人になりたい　あやより』

どうよ！　土倉鉱山

文　藤谷礼子
絵　美濃部幸代

「修学旅行が地元って、どうよ！」

6年生のこう君が、スクールバスの中でふまんをぶつけていた。

ぼくらは、去年の4月から木之本小学校に通うようになった。3月まで杉野小中学校に通っていたけれど、小学生9人、中学生6人を最後に閉校になってしまった。今、ぼくらは12キロほどはなれた木之本小学校へバスで通っている。

6年生の修学旅行は、奈良や神戸のキッザニアなんかに行っていたのに、コロナのために旅行はなくなったんだそうだ。かわりに「地元木之本のお宝再発見」に行くことになったらしい。6年生30人ほどが、木之本地蔵や糸とり資料保存館など、いくつかのグループに分かれて行くみたいだ。こう君は、「土倉鉱山」のグループになったと言ってがっかりしていた。ぼくは今、4年生。あと2年後の修学旅行はどうなるんだろう？

土倉は、ぼくらの住んでいる杉野から2キロほどはなれた金居原の、まだ山おくにある。すぐ近くにある八草トンネルをぬけたらおとなりの岐阜県だ。

「せっかく杉野の山おくから木之本の町へ通うようになったのに、なんでまた山おくにもどらないといけないんだ！」

もんくたらたらだったこう君が、土倉鉱山のことを知ってから、やたらと土倉のことを自慢するようになった。スクールバスの中で、ぼくらはこう君の話を聞かされた。

「鉱山って、知ってるか？」

「よくわからん」

「鉄とか銅とか生活に役立てるための石をほってよりわけるところなんやで」

「ふーん。鉄とか銅とかって、山の土の中にあるんか？」

「うん、そうやで。金・銀・銅・ダイヤモンドやらの宝石も、山からほり出したんや。山の岩石の中には、金や銅や鉄など役に立つ物をふくんだ鉱石っていう石があってな、その石を見つけてほり出したり、必要な鉱石だけをより分けたりするところが鉱山なんや」

「土倉で、金や銀もとれたん？」

「いや、どうよ！　金、銀ではなくて、銅よ。土倉では、銅や鉄。黄銅鉱や硫化鉄鉱といわれる鉱石をほりだして、銅や硫酸の原料にしたそうなんや」

「ふうん。なんかむずかしい名前のもんが出てくるな。でも何か役に立つもんなんやな」

「今では、土倉にはだれも住んでないやろ。でも、鉱山があったころはぎょうさんの人が住んでいたんやて。何人くらい住んでいたと思う？」

「20人くらい？」

「いや。もっとや。1000人以上もの人が土倉に住んでたんやて」

「えー！　1000人？　今は0人やのに？」

「うん、家もいっぱいあって、学校や保育園、診療所、お店、食堂、おふろ場、それに映画館まであったんやて」

「へえー。信じられん。映画館なんて、今、長浜市のどこにもないで。えらい大都市みたいやな」

こう君があまりにも得意気に「土倉鉱山」のことを話すので、ぼくも行ってみたくなった。ちょうど「土倉の森秘境トレッキング巨木と鉱山」というツアーがあることを知り、お母さんと参加することにした。

6月、金居原のはずれにあるコミュニティー施設「合歓の里工房」に集まった参加者は20人ほど。子どもはぼく一人だった。「ながはま森林マッチングセンター」の橋本さんをはじめ、土倉を大切にしている何人かが、ツアーガイドとして案内してくださった。

「土倉は、鉱山として石をほり始めたのが明治43年、今から100年ほど前です。それから工場を大きくしたり場所をかえたりして、昭和40年までのおよそ60年間、銅鉱山の一つとしてにぎわっていたんですよ。滋賀県内には、ほかにも伊吹・多賀・東近江などにも鉱山はありますが、銅鉱山としてはめずらしいんです」

[illegible]には土倉の昔の様子を写したたくさんの写真がならんでいた。トンネルに向かって、トロッコにならび乗りこんでいく作業の人たち。細い木わくでできたエレベーターに乗って真っ暗な地下へ下りていく人、運動会や花よめ行列、ブロック住宅前で遊ぶ子どもたちなど、こう君が言っていたとおりの写真があった。

ふと横を見ると、「伊香郡杉野小学校土倉分校」と、すみで書かれた古びた学校の表札があった。ぼくが通っていた杉野小学校の分校があったんだ。「土倉保育園」の表札もある。今は杉野小学校すらなくなっているのに、分校まであったなんてびっくりした。土倉鉱山が閉山してはたらく人がいなくなって、だんだん住む人もへってきたんだな。

工場全体の写真を見ると、その広さにおどろいた。山のしゃめんに沿って、屋根が上から下へと階段のように連なってたっている。下のほうにはトロッコの線路が山すそをはうようにのびている。その前の広場には馬車が何台もとまっている。しばらく工房内の写真などを見ていると、ガイドの橋本さんが参加者みんなに呼びかけた。

「この石をよーく見てください。キラッと光るところがあるのがわかりますか？　それが黄銅鉱なんです」

　みんな近よってじーっとながめた。50センチ四方くらいの深緑っぽい黒色の石を、あちこち角度をかえて見入った。

「あった！　こんなに小さいの？」

光っているのは1、2ミリくらいしかない。よくこんな岩の中から光る石を見つけたもんやなと思った。

「では、これから工場があった鉱山あとへ行ってみましょう」

「合歓の里」の前の国道３０３号線から、少し岐阜県に向かって走り、車が1台やっと通れるくらいの山道に入る。道の両側は草がのび放題だ。むせぶような草のにおいをあびながら、『出口土倉』といわれる場所にある第3選鉱場あとにたどり着いた。

「うわー！　天空の城や」

「マチュピチュみたいや」

草の生いしげる向こうに、コンクリートでできた遺跡がそびえていた。山はだから古びた柱が何本もつき出ている。長い間雨風にさらされ、こけが生えている柱と柱の間や、屋根の土台のようなところからは、ざっ草や細い木ばかり生えて、あれていた。

建物のあとは、高さも横も90メートルくらい。手前には半円形のトンネル屋根がのこっていた。トロッコが通っていた坑道のあとだ。途中で切れているので、のこっているのは30メートルほどだ。短いトンネルをのぞいていると、橋本さんが話してくださった。

「トロッコに乗って暗くてせまいトンネルのおく深くまで入って行ったんですね。1日中スコップやツルハシで岩石をくだいて、鉱石を運ぶ力仕事をしていたんですよ」

「たいへんな仕事だったんですね。あせまみれ、どろまみれで息苦しかったやろうな」

「そうですね。岩石をくだくので細かい石のこなをすってしまい、肺の病気になる人も多かったらしいです」

「たくさん病気になる人がいたんですね。だから診療所もあったんですね」

「そうなんですよ。電気もないころだし、真っ暗の中、ヘルメットについた電とうだけの光でほっていたんです」

「へえー。ヘルメットの電とうって、かい中電とうの小さい光だけでしょ。とっても暗かったやろな。よくそんな中で仕事してたな」

「ほり出した鉱石は、トロッコでここまで運びます。工場で必要なよい鉱石とそうでない鉱石とにより分ける選鉱をし、馬車で余呉の柳ケ瀬駅まで運んだそうです」

「馬車で余呉まで？　なんで柳ケ瀬まで？」

「柳ケ瀬には、昔、駅があったんですよ」

「そうなんですね」

「馬車のほかに、空中索道というリフトみたいなもので、子どもが乗れるくらいの『バケット』という入れ物に土を入れて木之本まで運んでいたとも聞いています。土倉から木之本まで14キロくらいの長いワイヤーがはられてたんですね。木之本からの帰りには食べ物や日用品などをバケットに乗せて運んだらしいです」

「空飛ぶバスケット」といわれる空中索道のバケットに、ぼくも乗ってみたかったけれど、今は目の前のトンネルが気になった。

「このトンネル、向こう側の明るさが見えるし、通りぬけられるよ」

入口は、上に生えたつる草がいっぱいたれ下がっている。すだれのようになっている草をくぐり、トンネルに入った。ぼくは、頭をぶつけそうで、こしをかがめながらおそるおそる歩いてみた。暗くて何も見えない。

「ギャー、何かおった！」

ぼくの目の前を音もなく黒いものが飛び去った。ぼくは思わず、真っ暗なトンネルから飛び出した。

「コウモリや」

しんぞうがバクバクしてしばらくおさまらなかった。

鉱山あとには、こう君から聞いたブロック住宅も学校も何もなかった。合歓の里で見た写真のようなりっぱな工場もない。あるのはただコンクリートの古びた柱とトンネルあとだけ。

「20年ほど前は、町おこしで、この建物あとに集まってコンサートなどのイベントをしたこともあったのですが、今は建物が古くなってあぶないので、しかたなくこの秋には入れないように柵をすることになっているんです」

第3選鉱場をあとにして、1キロほど行ったところで車をおりた。ここから奥は車では通れそうにもないほどせまい山道だ。ほそうもしていない。かれて土のようになった落ち葉をふみしめながら歩いていくと、右手山側に大きな墓石が立っていた。

「このあたりは冬、雪が1～3メートルほどつもるところです。なだれが何度もおきて、その度に亡くなる人も多かったんですよ。また、石をほり出していて土砂くずれにあって、命を落とす人もいたでしょうしね」

「この先からはクマが出ることがあるので、クマよけしますね」

と言って、ガイドさんは大きな音のする花火を打ち上げた。山中にばく音がなりひびいた。

「鉱山では、かたい岩を打ちくだくために、ダイナマイトでばくはさせていたんですよ。今の花火とはくらべ物にならないほどの大きな音としん動があったでしょうね」

橋本さんはそう言って、先へと歩き出した。ぼくらも、少し下を流れる川の水音を聞きながら、後に続いて山道を歩いて行った。

シャガの花がさいていた山道をぬけると、シダが一面に広がっているところに出た。反対側には少しぬかるんだところがあり、イノシシかシカか何か生き物の足あとがいっぱいついていた。

「ほら、アカハライモリがいましたよ。めずらしいですね」

ツアーガイドさんが、おなかの赤いトカゲのような生き物を見せてくださった。

最初の第3選鉱場のある『出口土倉』から2キロくらい来たころ、目の前に10メートルほどの高さのコンクリートのかべが立ちはだかった。かべには6つあなが開いていて、そこから水がたきのように流れ落ちていた。たきの下は深いたきつぼになっている。そこからの水は、今まで通って来た道のそばを流れる川となっていた。

「これは砂防堰堤です。ここで川の流れをおそくしたり、土砂をためたり、川底がけずら

保安生産

れるのを防いだりしています。この川は、杉野川、高時川、そしてびわ湖へとつながっているんですけど、ずっときれいな川であってほしいですね」

おくへ進んでいくと、山はだから水がしみ出ている所がいくつもあり、川へ流れこんでいる。山はだから流れる水の底は赤茶色をしているところが多い。

「鉄分をふくんでいるので、さびて石も赤っぽくなっているんですね」

しばらくして橋本さんは立ち止まり、話してくださった。

「もうあとかたもないのでよくわかりませんが、このあたりが『奥土倉』といって、一番初めに鉱石をほり出したところのようです。こんな山おくが最初で、先ほど花火を上げたあたりの第2選鉱場、そして第3選鉱場と、時とともにうつりかわってきたんですね」

橋本さんの言うとおり、鉱山あとらしき物は何もなかった。

「ここらあたりは1億７０００万年前にできた岩石だそうですよ。その土地の鉱石を使って生活に役立ててきたのが土倉鉱山なんですね。鉱山として鉱石をほる前から、炭焼きがさかんなところでもあったんです」

橋本さんの話を聞いて、ぼくは、草と木ばかりの山の中を見わたした。そして、ここに学校や運動場、お店などがあったころの様子をそうぞうしてみた。今では信じられないけれど、確かにここににぎやかな土倉があったんだ。炭も鉱石も、生活にかかせない大事なもの。その大事なものをここ土倉で生み出して、あちこちへ広めていたことはすごいことだと思った。こう君がじまんしたくなるのもわかる気がした。

このあと橋本さんは、いちだんと大きな声で言った。

「このおくなんですよ。トチノキの巨木がたくさん生えているのは」

ここからおくへ進むと、また土倉の自慢の場所へ行けるらしい。

山おくのいなかに住んでいることがちょっといやだったぼくは、すばらしいところに住んでいるんだなとほこらしく思いながら、次のお宝場所に向かって一歩をふみ出した。

解説

この本には13のお話が入っています。

それぞれのお話を初めから読む前に、ここを先に読んでおくといいかもしれません。後で読んでくれてもいいですよ。

お話のポイントを短くまとめています。

あなたはどのお話から読みますか？　ここを読んで、順番を決めてもいいかもしれません。どの主人公も生き生きとしています。


どのお話が好きですか？

「天保義民を知らない」なんて言わせない

楠　秋生

　江戸時代の農民は、収穫したお米の半分以上を、年貢として収めていました。いっしょうけんめい作った作物が、そんなにたくさん持っていかれるなんて、どんな気持ちだったでしょうね。

　江戸も終わりに近い天保という時代に、天候が悪くたくさん収穫出来ない年が続き、食べるものがなくなってしまいました。そんな時に、さらに年貢を増やそうと幕府から役人がやってきたのです。そしてズルいことをして農民を苦しめました。

　あなたなら、知らないふりをしますか？

義民といわれている土川平兵衛さんは、庄屋仲間と相談して一揆を起こします。

　そのことを勉強した奏太は、あることを決意したのです。

はらおびさま

田中純子

　家の近くにある神社やお寺に行くことはありますか？　病気のお友だちのことを心配して、「早く元気になってほしいな」と思うことがあると思います。遠足の前には「明日天気になりますように」と願うでしょう。そんな気持ちはみんなが持っています。

　人としての真心を持って、自分自身の心と向き合い、命の大切さを考えていくことは、大事です。祈りとはそういうことかもしれません。観音様が自分のことを話しました。みなさんの近くのお寺にも、はらおびさまの仲間がいますか？

ほたるの家

林田博恵

虫のことは、図鑑を調べればわかりますが、さとしのおばあちゃんは、郷土守山の歴史の勉強会でホタルのお家を見ました。

おばあちゃんは、とてもおどろきました。人間と虫が一緒に暮らす世界の大切さを学びます。

やみ夜を照らすホタルに「わたし、今のお家がすき」と、つぶやくおばあちゃんとさとしの温かな交流を感じるお話です。

甲良豊後守宗広とサシガネ

竹谷利子

甲良地域は、昔からりっぱなケヤキの産地なので、すばらしい技術を持った大工がたくさんいました。『甲良大工』と呼ばれていました。その中でも特に甲良豊後守宗広さんは有名ですが、活躍の場は主に関東だったので、関西に住むわたしたちにとっては、あまりなじみがないようです。

今でも、宗広さんの技術やその心を学びに、東京の大手建築会社の新人社員たちが、甲良豊後守宗広記念館に研修におとずれるそうですよ。

電車でビワイチ

近藤きく江

電車でびわ湖一周してみると。「近江塩津」「近江今津」「大津」「草津」と「津」をふくむ駅名があることに気づきます。「津」は船の停泊するところ、船つき場、港のことです。

大昔、びわ湖には、小さな港もふくめると100以上の港がありました。

今のように電車や車がなかったので、日本海の魚や海藻類、米や油などいろいろなものを船で運んでいたのです。

大きな湖を電車でぐるりと一周してみましょう。この楽しい旅ができるのは滋賀県の鉄道ならではですね。

人間は考えるアシだ

寺井一二三

野洲市立中主小学校の4年生は、学校で育てたヨシの苗をびわ湖岸に植えています。

「びわ湖の水と地域の環境を守る会」の人たちが協力してくれます。

ヨシは湖岸の浸食を防ぎ、水質を浄化してくれます。また、ヨシ群落は湖魚や野鳥のすみかになります。ヨシ群落を見ると、心がおだやかになりますね。ヨシは人間にも、環境や魚、野鳥にもやさしいのです。

また、パスカルが、「人間は弱いアシのような存在だが、考えることが出来る」と言っていますよ。

竜王町　鏡の宿の義経伝説

フルハタノリコ

竜王町鏡の宿にある鏡神社には、平安時代から鎌倉時代にかけて活躍した武将・源　義経が、子どもから大人になる儀式・元服を行ったという伝説が伝わります。

ここでは、毎年12月に義経をしのび「とがらいまつり」が行われます。

引っ越してきたばかりのショウタは「とがらいまつり」の隊列には参加せず、ひとり残った神社で義経と思われる青年と出会います。ショウタと義経はどんな話をしたのでしょうか。

丁稚ようかん

西堀たみ子

丁稚ようかんを食べたことがありますか？あっさりとした甘さ、つるんとした口あたりです。あずきと小麦粉、砂糖、塩をこね合わせて竹の皮に包んで蒸し上げるだけの素朴なお菓子です。

滋賀県選択無形民俗文化財に指定されています。地域によっては栗入りや、水ようかんのような、独自の特色があります。同じようなものは日本のあちこちにもありますが、名前が「丁稚ようかん」というところが滋賀県独自の郷土食なのです。

天国のおじいちゃんに、丁稚ようかんが蒸しあがるときの、ほんのりとした甘いにおいがきっと届いたでしょう。おばあちゃんにも笑顔がもどりました。

みなさんもおうちの人と丁稚ようかんを作ってみませんか？

こころをみがく

平松成美

藤樹先生が生まれたのは、徳川家康が江戸幕府を開いてから5年目の1608年でした。戦国時代が終わり、世の中がだんだん落ち着いてきたころです。武士には武芸だけでなく、学問も必要な時代となりました。

藤樹先生は、初めに『四書大全』を読んで朱子学を学びました。その後、『陽明全書』に出会い、形より心の持ちようが大切であると考えました。書物を通して、学んだことを実践しながら、人として立派に生きるにはどうしたらいいかを考え、「こころ（＝良知）をみがく」ことが大切だということに気づかれました。

　毎日の生活の中で「良知に致る」「五事を正す」ことを実践し、それを分かりやすい言葉で伝え、門人からも村人からもとても慕われていました。

　このような人としての生き方をしたので、藤樹先生が亡くなってから150年くらい後になって、近江聖人と呼ばれるようになったのですね。

びん細工手まり

松本由美子

　みなさんは、びん細工手まりを見たことがありますか？

　丸いびんの中に、美しいししゅうの手まりが入っています。ナナの町では毎年、「夏休みびんてまり教室」があり、5年生から中学3年生までの子どもたち20数名が、びん細工手まり作りに挑戦しています。女の子も男の子もです。ナナも、大きいビー玉くらいの手まり作りをしますが、どうやって手まりをびんの中に入れるのか不思議でした。そこで、おばあちゃんにびん細工手まりの作り方を見せてもらうことにしました。

　さて、ナナのナゾはとけるでしょうか？

トレーニングセンターってどんなところ？

原田義子

　動物好きの明音は小学4年生、何でも知りたがり屋さんです。

　いつもお父さんが見ている競馬中継で、時々出てくる栗東トレーニングセンターのことについて知りたくなり色々と調べていきます。

馬はどのように成長するの？　何でトレーニングセンターは栗東に出来たの？　栗東のどんな所にあるの？　訓練の他にどんなことをするの？　等々次々と疑問が湧いてきます。図書館で調べられないことも知り合いに聞くことで解決します。

興味を持った馬のことを、ますます好きなった明音……どんな夢があるのでしょうか？

びわこ　チキンこ　クリームこ

岸　栄吾

みなさんは、初めてびわこの名前の由来を知ったとき、どう思いましたか。あやは、「みずうみを見てすぐに、びわを思いつくかなあ」でした。

あやは竹生島や比叡山に行き、昔の人と同じやり方でみずうみを見ました。そこで、最初はびわのように見ていなかったのではないか、と考え、手紙を書きます。

あなたなら、だれに手紙を書きますか。あやは、琵琶湖博物館の学芸員さんに、ではなかったですよ。

どうよ！　土倉鉱山

藤谷礼子

廃墟ブームで人気のスポットであり、「土をほれば倉がたつ」と言われた土倉は、滋賀県ではめずらしい銅鉱山として少し前までさかえていました。鉱山の中でも銅鉱山は少なく、３００年前は世界一の銅生産量だった日本も、今では０です。

働く場があると人が集まり、お店や遊ぶ場も増えてにぎわいます。土倉鉱山でほられた黄銅鉱などからは、農具や建物の材料、電線、農業肥料など、人に役立つ物がたくさん作られました。けれども、何億年も前からある宝の山も、ほり続ければなくなります。やがて閉山し、働く場がなくなると人もいなくなります。

そんな中でも長くこの地に住み、大切にし続けている人たちもいるのです。

こう君や主人公は、山奥のくらしを今、どう思っているでしょう。

『滋賀県選択無形民俗文化財記録作成』文化財保護課　滋賀県教育委員会　中村太古舎
『滋賀の食文化財』 文化財保護課　滋賀県教育員会　2001
山口洋子（木之本）

こころをみがく

『藤樹先生』 高島市教育委員会　1971
『藤樹かるた』 高島藤樹会／藤樹書院　2008
『中江藤樹のことば　－素読用』 明徳出版社　2006
中江彰（元近江聖人中江藤樹記念館館長）
高島市立本庄小学校３年生の皆様（取材当時）
高島市立マキノ東小学校３年生の皆様（取材当時）
藤樹書院・良知館の皆様
近江聖人中江藤樹記念館の皆様

びん細工手まり

『愛知川町伝承工芸　びん細工手まり保存会三十周年記念誌』 愛知川町びん細工手まり保存会　2003
『愛知川びん細工手まり』 愛荘町立 愛知川びんてまりの館　2014
『愛知川びん細工手まり2　～青木ひろと愛知川びん細工手まり保存会～』 愛荘町立愛知川びんてまりの館　2015
『近江愛知川町の歴史』第4巻　ビジュアル資料編一分冊１　2007
創作絵本『まりこのたからもの』 文・野本淳一　絵・猪熊祐子　滋賀県愛知川町　1998
『こうよう』№26　特集〈名言〉向陽台高等学校実行委員会　2005
小川亜希子（愛荘町立　愛知川びんてまりの館　学芸員）

びわこ　チキンこ　クリームこ

『琵琶湖―その名前の由来―』 木村至宏　サンライズ出版　2001
『「渓嵐拾葉集」の世界』 田中貴子　名古屋大学出版会　2003
『神を斎く島のメモリー　竹生島』 滋賀県びわ町観光協会　1986
『竹生島宝厳寺の歴史と寺宝－武将たちの信仰と伝来の絵画・書跡－』 長浜市長浜城歴史博物館　サンライズ出版　2010
『改訂版 12歳から学ぶ滋賀県の歴史』 滋賀県中学校教育研究会社会科部会　サンライズ出版　2011
『びわ湖百八霊場　公式ガイドブック』 木村至宏監修　淡交社　2011

どうよ！　土倉鉱山

『改訂　ふるさと伊香』 滋賀県伊香郡社会科教育研究会編
『土倉鉱山跡探訪ガイドマップ』 案内ガイドもりのもり
橋本勘（ながはま森林マッチングセンター森林環境保全員）
荒木哲也（長浜市立木之本小学校　校長）

〈参考文献・協力いただいた方々〉（敬称略）

「天保義民を知らない」なんて言わせない

『天保の義民』 松好貞夫 岩波新書 1962
『燃え上がれ、一揆の炎 天保の近江騒動をひきいた人びと』小西聖一 理論社 2007
『夜明けへの狼火 近江国天保義民誌』 大谷雅彦 天保義民一五〇年顕彰事業実行委員会1992
『燃える近江 天保一揆百五十年』 野洲町立歴史民俗資料館 1992
三上小学校 読本 郷土の偉人
今堀正（三上小学校 ゲストティーチャー）
青木博（天保義民顕彰会事務局）

はらおびさま

『観音の里の祈りとくらし展―びわ湖・長浜のホトケたち』図録
びわ湖・長浜のホトケたち
長浜市長浜歴史博物館 編集 長浜市 2014
『ならの大仏さま』（復刊） 加古里子 ブッキング 2006
『大浦十一面腹帯観音堂』 パンフレット
小川俊之（神行会）
佐々木悦也（高月観音の里歴史民俗資料館）
對馬佳菜子（観音ガール）
熊谷理美 ご家族の皆様

ほたるの家

ほたるの森資料館館長 古川道夫
ほたるの森資料館飼育室長 並河聰
吉身学区ホタルを守ろうプロジェクト 下田義春

甲良豊後守宗広とサシガネ

『宗廣と甲良大工』 甲良町商工会 女性部 2020
『甲良の賜』甲良町教育委員会 2009
『東照宮再発見』高藤晴俊 1991
『江戸建築叢話』大熊喜邦 1983
松原良紀（甲良町観光協会 副会長・観光ボランティアガイド会長）

人間は考えるアシだ

野洲市立中主小学校
びわ湖の水と地域の環境を守る会 代表 松沢松治

竜王町 鏡の宿の義経伝説

『平治物語』 日下力・訳注 角川ソフィア文庫 2016
『源平の悲劇の武将 源義経』 今西祐行 講談社 2001
『源義経』 西本鶏介 ポプラ社 2004
『これだけは知っておきたい源義経の大常識』樋口州男監修 ポプラ社 2004
『角川日本地名大辞典25滋賀県』 角川書店 1979
『源平京都 源義経と平家物語の人々』 川端洋之・文 中田昭・写真 光村推古書院 2004
『ようかいむかし話 てんぐ』藤田晋一・文 大井和美・絵 金の星社 2021
滋賀県竜王町観光協会
https://ryuoh.org/historic/yoshitsune/

丁稚ようかん

『滋賀の食事文化 第４号』秋永紀子 編集 滋賀の食事文化研究会 1995
『つくってみよう滋賀の味』滋賀の食事文化研究会著 サンライズ出版 2001

〈表紙絵をかいた人〉

はやし ますみ

京都府生まれ。京都精華大学卒業。第10回ピンポイント絵本コンペ優秀賞。主な絵本に「とんとんとんだれですか」岩崎書店「ねーねーのしっぽ」イーストプレス「たんぽレストラン」ひかりのくに「ねこぽん」偕成社などがある。絵話塾講師。絵本制作のほか移動図書館車のラッピングイラストや、各地でワークショップを行なう。

〈挿絵をかいた人たち〉(50音順)

伊藤　空（いとうそら）

自然大好きな2児の母。絵を描くことはライフワーク。レイチェルカーソンを尊敬し、日々センスオブワンダーを実践中。

お絵描きの妹　長浜市在住

普段はSNSで活動。趣味で絵や漫画を描いています。

克つ（かつ）　大阪市在住

小玉克彦（こだまかつひこ）
観光客向けに訪日記念の絵やイラスト（金閣寺、東大寺、芸者、侍等）を描いている。

小林光子　草津市在住

美濃部幸代　長浜市在住

元長浜市立（湖北町立）図書館館長
滋賀県造形集団団員
「元三かるた」絵札制作　など

〈編集委員〉(50音順)

安積こう
いけだけい
楠　秋生
竹谷利子
田中純子
寺井一二三
平松成美
藤谷礼子
フルハタノリコ

〈執筆者紹介〉（50音順）

岸栄吾　草津市在住

「ぬまかっぱ」で第66回滋賀県文学祭童話部門で芸術祭賞受賞
『にじいろ宝箱』『おひさまいろの宝箱』所収

楠秋生　高島市在住

ネット投稿サイト「カクヨム」に作品投稿中
児童文学創作「ごんたくれ」同人
『はっぱいろの宝箱』『おひさまいろの宝箱』所収

近藤きく江　大津市在住

日本児童文学者協会会員
児童文学創作「ごんたくれ」同人
『続　滋賀の子どものたからばこ』『にじいろ宝箱』所収

竹谷利子　草津市在住

福岡出身。草津市にきて48年。
くさつ記憶絵・民具継承会で活動中。
『はっぱいろの宝箱』所収

田中純子　長浜市在住

「京子のなぎなたふり」『まつりものがたり』所収　サンライズ出版
『滋賀の子どものたからばこ』『続　滋賀の子どものたからばこ』『にじいろ宝箱』『おひさまいろの宝箱』所収

寺井一二三　草津市在住

「滋賀作家クラブ」同人
『はっぱいろの宝箱』所収

西堀たみ子　長浜市在住

紙芝居『おたんじょう　おめでとう』『一豊と千代さま』
『滋賀の子どものたからばこ』『続　滋賀の子どものたからばこ』『にじいろ宝箱』『はっぱいろの宝箱』所収

フルハタノリコ　東京都在住

自然と人とのかかわりをテーマに創作
『はっぱいろの宝箱』所収

林田博恵　守山市在住

家庭文庫「フローレンス文庫」代表
児童文学創作「ごんたくれ」同人
北陸児童文学「つのぶえ」創作童話入選三回「おれの名前」「ぼくのばあちゃん」「おまつり」
『にじいろ宝箱』『はっぱいろの宝箱』所収

原田義子　栗東市在住

今回が初創作
滋賀大学環境学習支援士

平松成美　高島市在住

自宅は絵本専門店「カーサ・ルージュ」
NPO法人絵本による街づくりの会理事長
高島市の図書館を考える会世話人代表
『続　滋賀の子どものたからばこ』『にじいろ宝箱』『はっぱいろの宝箱』『おひさまいろの宝箱』所収

藤谷礼子　長浜市在住

紙芝居　『にっこにこ』
『滋賀の子どものたからばこ』『続　滋賀の子どものたからばこ』『にじいろ宝箱』『はっぱいろの宝箱』所収

松本由美子　湖南市在住

手作り紙芝居滋賀ネット「ぴょんた」会員
児童文学創作「ごんたくれ」同人
『にじいろ宝箱』『はっぱいろの宝箱』所収

〈監修者〉

今関　信子　守山市在住

滋賀県児童図書研究会顧問
日本児童文学者協会会員
『げんきにおよげこいのぼり』教育画劇
『天使たちの花リレー』学研
『大久野島からのバトン』新日本出版社
他多数

ぼくら滋賀っ子
あかねいろの宝箱

2023年10月12日　初版第1刷発行

編　著　滋賀県児童図書研究会
発行者　岩根順子
発行所　サンライズ出版株式会社
〒522-0004　滋賀県彦根市鳥居本町655-1
TEL 0749-22-0627
FAX 0749-23-7720

印刷製本　シナノパブリッシングプレス

定価は表紙に表示しています。
落丁・乱丁がございましたらお取り替えいたします。

ISBN978-4-88325-798-0